病院の
子どもにも
「保育」を

こころの育ちを支える病棟保育

石井悠 著
Yu ISHII

遠藤利彦 寄稿
Toshihiko ENDO

ひとなる書房

はじめに

　そもそも病気や障害によって入院する子どもたちは、病院の中でどのような経験をするのでしょうか。とても体調が悪い中、不思議な機械音や独特のにおいのする環境で、不快感を伴う検査や処置、治療を受けなければなりません。この時、まわりには見知らぬ白衣を着た大人ばかりいて、お父さんお母さんにくっつきたくても、引き離されることも多々あります。中には、はじめて家族と離れて夜を過ごさなければならない子もいるでしょう。入院中の生活は、おうちや保育所での生活と違って、基本的には子ども中心にはなっていないことが多く、使われる言葉も、生活のルールも、わからないことばかりです。このような環境で、当然子どもたちは、不安や恐怖をたくさん感じるといわれています。

　子どもたちは、たくさんのネガティブな感情を経験するだけではありません。いつもだったら、おうちで好きなおもちゃを使って遊んだり、お友だちと外で駆け回ったりする子どもたちも、病院の中ではそのように子どもらしく遊び生活するということも難しくなります。そもそもの体調不良で遊ぶどころではないことも多いですが、たとえ気持ちが元気であったとしても、病気や治療上の制約によってベッドや病室から出ないように言われることもたくさんあります。また、あそびだけではなく、生活の側面でも同様に、さまざまな経験が制限されてしまうことが多いものです。例えば乳児期の子どもであれば、少しずつ離乳食を食べ始め、いろんな食べ物の味を知っていき、手でつかんで食べられるようになったり、自分でパンをかじりとって食べられるようになったりしていくはずのところを、どうしても、時間の限られるなかでしっかり栄養を摂取してもらいたい、食事の事故を防ぎたいという看

護師の思いから、離乳食がすべて混ぜられていたり、パンがとても細かく千切ってあることもあるというのです。このように入院環境というのは、子どもが育っていく上で必要なさまざまな経験が容易に剥奪されうる環境だといえるかと思います。このような環境で、子どもの心身全体の育ちを促す、非常に重要な支援を行っているのが病棟保育士です。

　私はもともと、病気や障害をもっている子どもの育ちや支援に関心があり、子どもが経験するイルネス・アンサーテンティ（illness uncertainty）という概念に着目して研究を行ってきました。イルネス・アンサーテンティとは、病気に関連する出来事の意味（認知的枠組み）を決定することができないこと、と定義されています（Mishel, 1988）。これはすなわち、子どもが病気治療する中で、必要な説明が不足していたり、むしろ情報が多すぎたりすることによって経験するさまざまな「わからない」が、その後、その子どもの人生にどのような影響を及ぼす可能性があるのか検討することがテーマということです。このようなテーマを掲げて小児がんなど、さまざまな小児疾患を患った経験のある子どもやその親を対象に面接調査を重ねてきた中で、幼少期に、病棟で病気中心のケアを受ける過程で、生涯発達の基盤形成に関わる経験が希薄化し、本来この時期に身につけておくべき大切な心の要素が積み残されてしまうことによるさまざまな問題を目の当たりにして、病棟が「癒やしの場」（当該の病気を治し癒やす場）としてだけではなく、トータル・パーソンとしての子どもの「育ちの場」（心身全体の育ちを支え促す場）でなくてはならないという思いを強くしました。

　病棟保育士は、現時点では一部の例外を除いて、保育所保育指針を学んだ保育士資格を取得した人であれば就くことのできる職種です。当然、保育所保育と重なる点も多いものの、環境や保育対象とする子どもの性質上、異なる部分も多々あることが予想されるわけですが、公的な指針やガイドラインもないため、病棟における保育のあり方として、どうあることが望ましいの

か、未だ現場の保育士も模索しながら実践を行っているのが現状です。これまでに書かれている論文でも、病棟保育の病院内での役割の曖昧性などについて議論されているものが多いですし、実際に現場の保育士からも、何を目指したらいいのかわからないという声をよく耳にします。2016年に遠藤利彦先生より病棟保育を紹介されるまで病棟に保育士が配置されているということさえも知らなかった私は、「では、病棟保育はどうあるとよいのか（本当に必要なのか？）」ということを考えながら現場の病棟保育士のお話をうかがっていました。その過程では、例えば看護助手に近いような業務を行う方もいれば、ホスピタル・プレイ・スペシャリスト（Hospital play specialist）など海外の資格を取得する方などもおり、一口に病棟保育と言っても、多種多様な実践があったのですが、このようにさまざまな信念やそれに基づく実践についてうかがう中で、病院という特殊な環境にもかかわらず（それにもめげずに）病院の中で「保育」を貫いている方々の実践にふれ、病棟でこそ「保育」や「保育的な視点」を貫くことに意味があるのではないか、と考えるに至りました。

　なぜこのように考えたかというと、病棟で子どもに必要とされる支援の大きな部分に、実は保育が対応しているのでは、と感じたからです。上述の通り、病棟というのは、子どもが育つ上で本当に特殊な環境です。日本の周産期、新生児期、小児医療の治療成績は諸外国と比べてもとてもよく、日本の子どもが医療を受ける環境が「癒やしの場」としてすばらしいということは言うまでもないかと思います。それでは子どもの入院環境が子どもの「育ちの場」としてもすばらしいかというと、必ずしもそうではありません。しかしながら、現代の医療技術のすばらしさゆえ、以前に比べて本当に多くの子どもが必要な医療を受けたあとも、時には医療を受けながら、社会に戻っていく時代です。だからこそ、子どもが育っていくことを前提とした支援が必要なのですが、そういった包括的・発達的な支援確立の難しさを感じていた

時、元来養護と教育を通して子どもの健やかな成長発達を目指す保育こそ、入院する子どもが必要としている支援なのではないか、と考えたのです。

　この本では、これまで私の調査にご協力いただいた病棟保育士さんの中でも、特に子どもが大人になった時や退院後、次の入院時のことなどを見据えた長期的な視点をもちながら保育を行っている方々の実践をまとめ、さらに、適宜心理学の知見や保育学の考え方を参照しながら、その実践の意味について考察してみました。そもそも「病棟保育」というものが明確に定義されていない中で、ここで語られている実践も、あくまでさまざまある実践の一例にすぎないのかもしれません。また、外国にルーツのある子どもやLGBTQの子どもや家族、きょうだい支援や小児がんの原因遺伝子を家族からもらっていることが明らかになった場合の支援方法など、本書で扱うことのできていない課題もたくさんあります。しかし、このようにまとめることで、少しでも、病棟で一人、誰にも相談できずに悩まれている病棟保育士さんの、普段の保育を考えるヒントになれば。病棟保育士を目指す学生さんや一般の保育所に勤務されている保育士の先生方に、少しでも病棟保育の魅力が伝われば。そして、普段は保育とあまり関わりをもたない一般の方に、病棟保育、そして「保育」の魅力やすばらしさが伝われば。そんな思いで書きました。

　まだまだ課題の多い分野ではありますが、その魅力や現場の保育士の先生方の思いが、少しでも伝わったら幸いです。

＊本書では、個人を特定されないように、保育士の語りの中のエピソードを一部改変しています。

＊ほとんどの「看護婦」表記は「看護師」に訂正しているものの、インタビュー中で子どもに向けた発言とわかるものについては、看護婦の表記を残しています。

病院の子どもにも「保育」を

も く じ

第 **2** 章
家族を支えて、子どもを支える

第 **3** 章
治療に伴走する

子どもの自然な姿が出る場所として／子どもと医療者の関係性づくりのお手伝い／「言えば、変わった！」を経験できるように／子どもと医療者のミスコミュニケーションを解消する／医療者への説明は丁寧に、具体的に、根拠となる例をまじえて／医療者の「ごめん」「失敗しちゃった」をフォローする

とにかく聞くことで、頭を整理するお手伝い／「普通どうする？」の思いを共有する／家族の思いや理解を医療者に伝える／医療者へ、親が納得できる説明を促す／医療者とともに、退院後の家族の生活を支える

終章

「病棟保育」にできること

プロローグ

病棟保育士ってどんなところで働いているの？

　まずは、病棟保育士が実際に働いている職場をのぞいてみましょう（写真は所在地や診療科の異なる複数の病院・医療施設の内部を撮影したものです）。

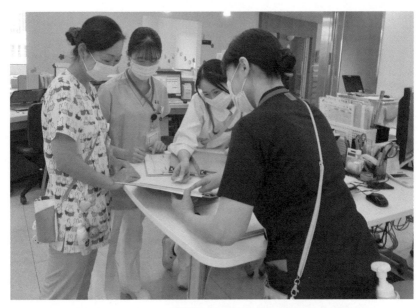

スタッフステーションで看護師と情報共有する病棟保育士（左端）

● 子どもたちが生活している場所

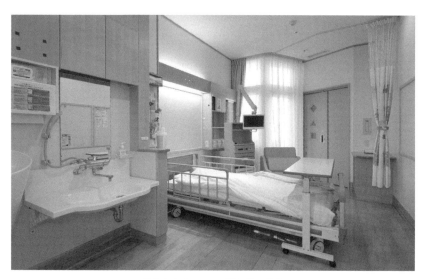

あたたかなフローリングの病室

病室と病室の間をこいのぼりが泳ぐ

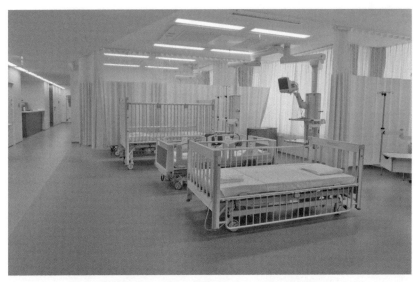

急性期の子どもたちが過ごす PICU（小児集中治療室）

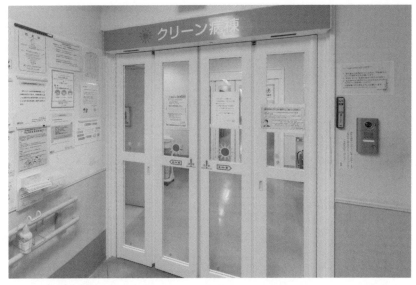

造血幹細胞移植や強力な化学療法を受ける子どもたちが生活するクリーン病棟

● 心が動くプレイルーム

この病院のプレイルームは
スタッフステーションの目の前

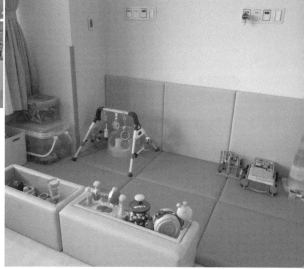

マットコーナーの壁面には
緊急スタッフコールのボタンや
酸素・空気・吸引の配管が
備えつけられている

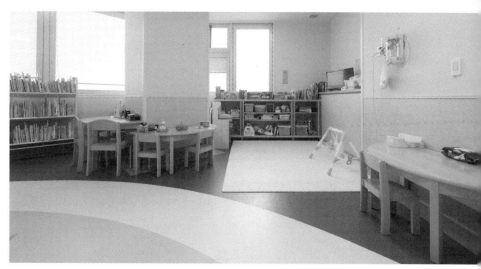

クリーン病棟内のプレイルーム
子どもが自分から「行きたい」「やりたい」と思えること、実現できることを大切にする

ある病棟保育士の一日

8:30 前　出勤　カルテで情報収集

把握しておく情報としては、入院の理由・治療の目的・年齢・付き添いの有無など。他にも：

- ・オペ出し［**手術室に向かう**］の時間、検査の時間
  その前は興奮させないため、あそびには入らないこともあれば、逆に手術前で食事制限がある子の気分転換や、処置前に気持ちを落ち着かせるためにあえて関わることも。
- ・治療の状況
  難しい説明をされたあとかどうかなど情報収集し、出会った時の心づもりをしておく。

8:30　看護師の申し送りに参加　看護のホワイトボード、口頭で追加確認

8:45　保育士のミーティング（1日の流れの確認、イベント、事務連絡など）

季節のイベント（クリスマス会や夏祭りなど）の準備、他職種への周知・連携、実施などを保育士が担っていることが多い。コロナ禍前であれば、外部の人を招いたお楽しみ会を開いたり、コロナ禍以降は電子媒体を使ったオンラインイベントの企画・実施を行うことも。

9:00　病棟業務開始

・子どもたちに「おはよう」と言いながら、直接、情報収集。機嫌はいいかな？　よく寝れてそうかな？
・プレイルームの清掃活動。同じ病棟に他に保育士が配置されている場合、その人とこの時間に、1日の動きやカルテに書きにくい子どもの情報を共有。
・病棟の看護師と、ケア・保育の時間を調整。
・ボランティアを受け入れている場合は、そのコーディネート（誰に関わってもらうか、何をしてもらうかを調整）をすることも。

その後　保育開始

子どもの精神状態や家族の様子、処置や検査、リハビリ、面会のタイミング、「いつも何時ごろ元気になるか」など、総合的にみて保育対象を決定。小中学生が多く、院内学級がある場合には、授業がある午前は乳幼児中心になることも。1日では関われる人数が限られるため、数日単位でまんべんなく関われるように調整することが多い。

　＊感染症児が入院している場合、午前は、感染症以外の子どもに対してベッドサイドで保育やプレイルームに出て来られる子を対象に保育、午後は、感染症の子どものベッドサイドで保育、などの形をとる。

12:00〜13:00　お昼休憩

施設によっては必要に応じて看護師と分担して昼食の介助（援助・支援）を行う。

13:00〜13:30　電子カルテ記録

13:30〜15:00　保育士のミーティング・勉強会、イベント準備など

ミーティングでは、例えば、単身で入院している子やネグレクトされている子、長時間の関わりが必要な子の扱いについてなど確認し合う。

15:00〜17:00　保育再開

優先順位をつけて保育。例えば……

- ・ターミナルの子
- ・NICU から移ってきて、慣れたころの子
- ・入院期間が長い子（検査で 1〜2 日の子は優先順位低め）
- ・入退院が多くなりそうな子
- ・家族の面会がない子
- ・保護者支援・家族支援が必要な子　など

〔病棟保育士さんの声〕

ある程度経験を積むと、疾患名とかを見れば、何回も入退院を繰り返すだろうというようなことがわかってくるので、そういうお子さんには、病院イコール嫌なところだけではないよっていうこともお伝えしていかないといけないなとか、お母さんも入院が負担にならないようにあなたを助ける職種もいますよっていうことはお伝えできるようにはしたいなと思うので、そういう意味でも優先順位的にはやっぱり高くなっていくのかなと思います。

17:00　週に一回循環器のカンファレンス、週に一回外科のカンファレンスに参加

17:15　電子カルテに記入、口頭で伝達事項を伝え、業務日誌を記録

17:45　退勤

さまざまな病棟保育士

　同じ「病棟保育」といっても、病院や病棟の性質によって保育対象とする子どもや働き方はさまざま！　例えば……

診療科による違い

＊急性期の子どもが多い病棟

- 一人ひとりの入院期間が短く、病棟の回転が早い
  - →週明けに出勤すると、メンバーがガラッと変わっていることも
- とにかく、不慣れな環境で安心して生活できるよう目指す
- 感染症の子と免疫低下している子の保育の両立が必要
- 感染対策のため、ベッドサイドの保育が多い

＊血液腫瘍科の子どもが多い病棟

- 長期にわたる入院になる子どもが多い
- 「生活を築く」「育ちを促す」関わりが多い
- 閉鎖的な病棟の中での人間関係の潤滑油としての役割
- ターミナルの子どもの対応をすることも

＊循環器内科や心臓外科の子が多い病棟

- NICU からくる子が多い
- 生後数日、数週間のような赤ちゃんも多い
- 子どもの保育よりも、親と関わることが主になることも

・あまり泣かせてはいけない子など（チアノーゼ［血中酸素の不足が原因で、皮膚が青っぽく変色すること］になってしまうため）、関わる上で注意が必要な子が多い

＊小児外科
　・予定入院の子どもも、一定数いる
　・病院に慣れる→ベッド上安静→離床を促す・体を動かすことを促すフェーズがある
　・例えば腸管機能不全［腸が消化や吸収をできなくなった状態］の子どもなどが多い病棟では、子どもの多くがストーマ［人工肛門］をつけ、口からの栄養摂取が制限されているということも。（どの病気や治療に強い医師がいる病院かで、入院する子どもの特徴も異なる）

病院による違い

・所属部門……看護部門か、それとも看護部門からは独立して心理士など

で構成するコメディカル部門か、それによって直属の上司が異なる

・病棟保育の立ち位置……看護師から指示されて動く病院もあれば、保育士が単独もしくはチームで考えて1日の業務を決定する場合もある（本書の4人はすべて後者）

・1人で何病棟みる必要があるか？（診療報酬の関係で、プレイルームが1つしかないために、内科・外科と合わせて2病棟あっても、保育士が1人しか配置されない場合も）

・電子カルテは閲覧できる？　記録できる？

・申し送りには出る？

・病棟カンファレンスには出る？

病棟による違い

・病床数……20床程度？　それとも40床くらい？

・小児病棟？　それとも成人との混合病棟？

・子どもの年齢層……乳児が多い？　それとも幼児が多い？　長期休暇で学童が増えたりする？

・保育士の人数……病棟で2人いる？　それとも病院で1人だけ？

・一緒に働く他の専門職の職種・有無……チャイルド・ライフ・スペシャリスト（Child life specialist; CLS）、ホスピタル・プレイ・スペシャリスト（Hospital play specialist; HPS）、子ども療養支援士（CCS）、心理士などがいる？　いない？

・付き添い・面会に関する規則……付き添い可？　面会時間は何時まで？（ほぼ全員付き添いの病棟・病院もあれば、付き添いが原則禁止のところも）

コラム
病棟保育の歴史的背景

　そもそも病棟保育とは、「医療を要する子どもとその家族を対象として、子どもを医療の主体ととらえ、専門的な保育を通じて、本人と家族のQOLの向上を目指すこと」と定義されている医療保育の一つで（日本医療保育学会, n.a.）、病院に入院している子どもを対象とする保育のことを指します。

　病棟保育は、1954年に、当時はじめて保育士（当時は保母）が病院で働き始めて以来、さまざまな制度などの追い風を受けて、全国に広まりました。例えば1994年に行われた調査では、小児科・小児外科を標榜している病院など全国4,039施設のうち123施設（有効回答の8.3%、全体の3%）で病棟に保育士を配置していることが明らかにされていて（帆足, 1997）、2005年の長嶋（2006）の電話調査では、病床を有し、かつ小児科を標榜している全国3104医療施設（回答率97.3%）のうち308施設（有効回答の10.2%、全体の9.9%）で病棟に保育士を配置していることが報告されています。CEDEPで2017年に行った調査（回答率84%）では、対象となった2,686施設のうち、小児一般病棟に保育士を配置している病院は196施設（全体の7.3%、有効回答の8.6%）という回答でした（石井他, 2019；病棟保育を配置している施設数が減少しているのは、小児科を標榜している病院でも、少子化による病床稼働率の低下のために、独立した小児病棟を閉鎖・縮小、混合病棟化する病院がある影響と考えられます）。

　このように全国の病棟に保育士が配置されるようになった背景には、2002（平成14）年の診療報酬改定の影響が特に大きいと考えられます。診療報酬が算定できるようになる前は、病院が入院する子どものために保育士を雇いたいと思った場合、国からの補助はなく、実費で雇用する

他ありませんでした。しかし、2002年に小児医療の充実が図られたのを期に、当時はじめて「当該病棟に専ら15歳未満の小児の療養生活の指導を担当する常勤の保育士が1名以上配置されており、小児患者に対する療養を行うにつき十分な構造設備を有している」場合に保険点数80点が算定できるようになってから（厚生労働省, 2002）、2006年にはその点数が80点から100点に引き上げられ（厚生労働省, 2006）、2010年には特定機能病院もその対象として含まれるようになりました（厚生労働省, 2010）。実際、2017年に行った調査からも、診療報酬が算定できるようになった時期から保育士を配置するようになったという病院が有効回答の69%であったと報告されています（石井他, 2019）。その他にも、2007年に、日本医療保育学会の認定資格である医療保育専門士が整備されたことも（谷川, 2012）、病棟保育の発展を後押ししていると考えられるでしょう。

　同時に、このような制度や認定資格の充実が図られるようになった背景には、入院中の子どもに対するあそびや保育の必要性を感じ、実費で保育士を雇用する病院があったり、医療保険の中で保育士加算をしてほしいと要望する小児科医がいたり、ボランティアとして病院内で活動したりする方々の活動がありました。さまざまな方々の思いや地道な活動の歴史が、現在の病棟保育の充実につながっていると感じます。

本書に登場する病棟保育士さん

● **奥山先生**（病棟保育士歴 20 年）　仮名、以下同様

　現在は、総合周産期母子医療センターを含む総合病院に勤務しています。担当の小児病棟の病床数は 42 床で、病棟には自身を含めて保育士 2 人が配置されており、0 歳から 2 歳の急性期の患者が保育対象の多くを占めます。奥山先生は、もともと「子どもの成長発達っておもしろい！　それが見られるところに就職したい」と思い、児童福祉施設で働き始めたといいます。医療的ケアを必要とする子どももいる施設で働いていた当時、「生まれてからずっと病院から退院したことがなくて、長い間入院をしていた子どもが自分の働く施設に措置されて来た時、その子が何もできない状況ということにスタッフ一同驚いて」と話す奥山先生。その後、その子が施設で子ども中心の生活を始めると、自分で食べられるようになったり、保育士や看護師の後追いを始めたり、おもちゃを取られても「イヤ！」と言って取り戻すようになるなど、いわゆる子どもらしい姿が出てきたのを見て、「入院中に、そこをサポートする人が病院の中にいたら、生活経験としてのあそびがあったら、この子はこんなに遅れなかったし、あそびも知ってたかもしれない」と思ったことが、病棟で働きたいと思ったきっかけだと話してくれました。

● **西村先生**（病棟保育士歴 22 年）

　小児専門病院に勤務しています。現在担当しているのは病床数 36 床で、心臓外科の乳幼児が多く入院する病棟に配置されています。病院内には、

自身を含めて4人の保育士がいる他、チャイルド・ライフ・スペシャリスト（Child life specialist）と子ども療養支援士も配置されています。もともと保育所に勤務していた西村先生。たまたまテレビで見た小児病棟に関する特集番組が、病棟保育を知り、志すきっかけになったといいます。「恥ずかしながら、それまでは元気なお子さんというか、病気とあまり関わりのないお子さんのことしか頭になかったんですけど、その番組を見た時に、なんか病気や障害があるっていうことだけで、なんでいろんな権利を剥奪されなきゃいけないんだろうって思った」と話してくれました。その後、いくつか病院に電話してみたところ、とある病院の事務の方から「じゃあ、あなたは病院に入ったら何ができるんですか」と言われたことをきっかけに「何もできない」と思ってハッとしたといい、病院でのボランティア経験などを経て、全国のいくつかの病院で、さまざまな科にかかる子どもたちと関わってきました。

● 鈴木先生 (病棟保育士歴19年)
　産婦人科、小児科、新生児科を中心とした医療施設に勤務しています。22床ある一般病棟と12床あるPICU（小児集中治療室）を1人で兼任し、0歳から2歳の急性期の患者が多くを占めています。現在の勤務先の前は、保育士が勤務する病棟が複数ある小児専門病院で、小児外科の子どもが入院する病棟や思春期病棟に配置されていました。鈴木先生は、高校生の時に紹介された斉藤淑子・坂上和子著『病院で子どもが輝いた日』（あけび書房）という本を読んで病院で保育士が保育していることを知ったことが「病院の保育士になりたい」と考えるようになったきっかけだといいます。その後もその思いが途絶えることなく、卒業論文でも実習でも病棟保育を希望し、病院であそびと学習のボランティアなどを経験したものの、病院での就職がすぐには難しかったため、幼稚園での勤務経験を経て、最初の

病院に勤め始めたと教えてくれました。

● 木村先生 （病棟保育士歴 12 年）

　現在は、小児専門病院に勤務していて、移植や強力な化学療法を受ける子どもたちがいる 15 床のクリーン病棟に配置されています。もともと保育所に勤務していたところ、偶然みかけた求人情報で病棟保育を知ったという木村先生は、病院の HP を見て「こんなに病気の子どもたちのために環境が整えられているところがあるんだ」と驚き、この中で働いてみたいと思ったのが始まりだったそうです。さらに、HP の中で記述されていた保育士の役割を見て、それが「ちゃんと」書いてあるのが印象的だったという木村先生。自分はそれまで、ここまで考えて保育していただろうかと考えるきっかけになったと教えてくれました。その後、採用の要件を満たすために保育園での勤務を続け、最初の病院での勤務を開始したとのこと。その時の同僚であり、病棟保育士の先輩が西村先生だったのですが、違う病院にうつった今も、当時昼夜逆転してしまっている子どもの保育に悩んでいた際に「どうしよう、だけじゃなくて、考えなきゃいけないし、それでわかんないことがあるんなら調べて勉強しなきゃいけないし、そのままにしてちゃダメだよ」と言われたこと、そして「たぶんそのままにしていても大きな問題にはならないし、きっと何日かしたらその子も普通に退院したんだと思うんですけど、私たちはそういう小さなことからやってく人たちだし、確かにそのままにしちゃいけないよな」と思ったことを覚えていると教えてくれました。

第 1 章

子どもと関わり、
支える

① 子どもの「はじめて」に寄り添い、生活の基盤を整える

遠くから、見極めながら、関係性を築く

　そもそも、病院というのは、子どもにとってどんな場所でしょうか。知らない大人がたくさんいて、変なにおいや怖い音がして、痛いことをされるため、怖い、嫌だと思う子が多いと思います。そして当然のことながら、病院には、子どもは具合の悪い状態で入院してきます。元気な時でも突然大勢の知らない大人に会ったら緊張したり、不安になったりするものですが、それが入院するほど具合が悪い時となったら、なおのこと不安も大きくなるでしょう。しかも入院直後は、聞かなければいけない説明や書かなければいけない書類も多く、子どもも家族もとても慌ただしいもの。そこで保育士が様子をうかがうことなく突然「こんにちは！」と話しかけにいったら、子どもからは「また痛いことする人が来た」と警戒されてしまい、信頼関係を築くまで時間がかかってしまうかもしれません。短期間で関係性を築く必要のある病棟では、これではうまくいきません。

　子どもが入院してきた時について、どの保育士も口をそろえて「アプローチするタイミングや方法を見極める」といいます。

西村先生　子どもって言葉だけではなくて、やっぱり全身でサインは出してくれると思うので。直接的にこうやってブロックで一緒に遊ぼうって声をかけるんじゃなくて、誰か違う子と遊びながら、その全身をこうやってよくみながら、様子をみるっていうのがすごく大事かなって思っていますね。

　医師や看護師は子どもの体を検査したり、病気を治したりすることが仕事のため、子どもとの距離感を見極めている時間はなかなかありません。でも子どもの気持ちの安定を図り、生活や育ちを支え促す保育士の仕事は、子どもとの良好な信頼関係なくしてはうまくいきません。そのため、病棟の保育士はいろんな方法で子どもの心理状態を見極めて、近づくタイミングや方法を考えるといいます。

　例えば奥山先生は、外科病棟に子どもが入院してくる時間に合わせてプレイルームの整理整頓を行うとのこと。入院の手続きを終え病棟の案内が終わると子どもがプレイルームに遊びに来る許可がおりるので、そのタイミングで「直接関わる前にまず、ちょっとみさせていただく」と言うのです。絵本の整理をしたり、飾りつけに使う折り紙を折ったりしながら、目の端っこで、どれくらい緊張しているだろう？　お母さんにべったりかな？　自分からおもちゃ探しに行くかな？　どんなおもちゃで遊ぶだろう？　と様子をみて、最初に接近する時の情報として活かすと教えてくれました。

家族の様子から、子どもと関係性を築くヒントを得る

　子どもについて、家族から得られる情報がある場合も多いといいます。

西村先生　私たちって子どもを楽しくさせる職業だと思われるんですけど、

いくら子どもを楽しくさせようとしても、バックにいるお母さんの影響って子どもにとっては大きいので、まずお母さんがどうやってまわりをとらえてるかっていうことを認識しないと。そのとらえ方によって、支援の方法は変わってきちゃうんですね。

　西村先生も子どもと直に接する前に、母親と話して心理状態をはかり、子どもやその家族とのその後の関わり方に活かしていくと話しています。

西村先生　「ここは個室で、まだ気が楽です」って言われることもあれば、「まだ確定診断ついてないので不安なんですけど、ここだったら何とかしてくれると思います」って言われることもあるし。もう不安で不安でしょうがなくって常に携帯にかじりついて、もう誰彼かまわず、これこれこうなんだけどどうしよう、今ここの病院にいるんだよって連絡とってるってなってると、だいたいお子さんは泣いてますね。お母さんがとっても構えてる家庭の子のところに行くと、もう入ってくる人に対しての視線がまず違います。そういう情報をふまえて、どうやって子どもや家族と関わっていくか、考えるんです。だから、午前中はできるだけ、入院してきた子どもやそのお母さんの緊張度、表情なんかをみるために、プレイルームにいたいなっていうのがあります。

　何ヵ月も何年も、長期間にわたり入院生活を送ることもあれば、入院期間が短く終わる子どもや、短めの入院を何度も繰り返す子どもなど、さまざまなケースがあります。短いと言っても、1週間、10日と、幼い子どもにとっては長い時間です。この短期間でも、できる支援を行う病棟保育士は、できるだけすぐにそれが可能になるようあえて時間をかけて、間接的な関わりの中で子どもの心理的な状態を見極めていきます。これは、最初から直接子どもに介入していく医療者からは何もやっていないようにみら

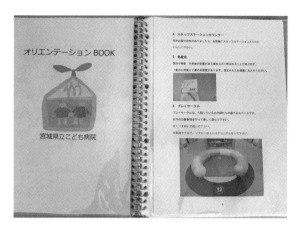

子どもたちが過ごす場所の
説明などをまとめた
オリエンテーションブック
すべてのベッドサイドに
置いている

れてしまったり、実際に電子カルテに記録を書こうとしても具体的に書け
ることがないという気持ちになってしまったり、そもそも「保育士って何
やってるのかわかりにくい」と感じられてしまう理由の一つかもしれませ
ん。しかし、この丁寧な関わりなくしては、病棟の保育士の仕事は成り立
たないくらい、大事な仕事の一つだと思います。

どんな時も、少しでも安心できるように

　入院してくる子どもが赤ちゃんの場合や親の付き添いがない場合には、
支援の仕方が少し異なる場合があるといいます。特に急性期の病棟の場合、
最初の1日2日は親子ともどもとにかく「戦場」で、やはり病院スタッフ
のことは受け入れてくれないことが多いもの。しかし、その中でも子ども
一人ひとりの気持ちに寄り添って支援を行います。特に0歳から2歳の子
どもの急性期疾患による入院の多い病院に勤める鈴木先生は、「適度に距
離を保って見守ることも必要な子もいるので、その辺は注意しながら、
ちょっと積極的に行ってもいいのか、遠目で見たほうがいいのかとか、距

離とか近づき方を考える」ということに加え、次のように話します。

（鈴木先生）　もうこっち来ないでとかいう子もいるけど、見なくていいからとりあえず抱っこしてっていう子もいる。顔を見たりするとこの人お母さんじゃないってなるけど、でも抱っこはしてほしい、ぬくもりは感じたいみたいな子も中にはいるから、じゃあ見ないで、安心できるようにとんとんだけしとくからみたいな、そういうのもある。

　少しずつ、慎重に、慎重に、距離を縮めていたケースに比べると、近づき方が早いと感じられるかもしれません。その背景には、次のような思いがありました。

（鈴木先生）　急性期病棟の保育士の役割は出会った時の関係性構築と、あそびとか成長発達とかよりも、まず生活。やっぱ休息しないとね、体調が回復しないので。寝れるっていうのが大事だけど、緊張してるとほんと寝ない。座ったまま、絶対横にはならないぞみたいにがんばってるっていうことがあるから、少しでも安心した中、寝られるように手助けする。そういう生活面を、寝る、食べる、休むっていうのを支えるってなるかな。

　小児病棟には、さまざまな子どもが入院します。入院期間中ずっと付き添いがある子もいれば、面会時間のみ家族に来てもらう子や、週末しか家族に会えない子もいます。また、病院によっても規則が異なるため、子どもが寝る時間帯まで面会を許可している病院もあれば、面会時間が短く、子どもが日中や夜、一人で入眠せざるをえないこともあります。
　鈴木先生は「入院当初は本当に具合悪いので、もうあそびどころじゃない。そばにいて、『ここは安心できるところなんだよ』とか、痛くないこ

ともあるよっていうところが伝われば」と話します。子どもの病態や入院
期間、家族の事情など、さまざまな情報に配慮しながら、子どもの支援を
行っていることがうかがえるでしょう。

次の入院も見据えた関わり

　鈴木先生は、次のように続けます。

　(鈴木先生)　けっこう、喘息って繰り返し入院になる子が多いんですね。一回
の入院期間もそんなに長くなくて、だいたい慣れてくるころには退院になるん
だけど、繰り返し入院してくるので、はじめての入院の時に関係が築けている
と、次の入院の時に違うというか。2回目、3回目だと、まあ、小さくても覚
えてるのか、「意外とこの間よりも適応が早いね」みたいなこともあるので、
やっぱり一番はじめの入院の時は特に気をつけて関わったりします。

　むかしに比べ入院期間がどんどん短縮傾向にあるといわれていますが、
内科でも外科でも、繰り返しの入院になる子は今も一定数います。このよ
うな子どもたちの、「今」の入院だけでなく、その後の入院も見据えて関
係性を構築していくという鈴木先生の言葉でした。外目には、やっている
ことは変わらないようにみえるかもしれませんが、子どもの今だけではな
く、その後を見据えて関わる保育士の思いを象徴する言葉ではないでしょ
うか。

子どもから子どもの情報をもらう

　少しずつ子どもとの距離が縮められたら、次はその子がどのような子か、

情報を収集していきます。ここで収集する情報は、病気や治療方針に関わるものばかりではありません。むしろ、どんな家庭で育っているのだろう？年齢は4歳と書いてあるけど、実際の発達段階はどのくらいだろう？　という情報のほうが多いかもしれません。同じ手術で入院してくる子どもたちでも、年齢や入院期間はもちろん、保育園に通っていて家族から離れることに慣れている子なのか、ずっと自宅保育されている子なのか、きょうだいがいるのか、家族関係は良好なのか、発達は順調なのかなど、その子その子で入院中必要になる関わりや支援が大きく異なるためです。

　このような情報をもとに、総合的に、支援の方向性を決定していくといいます。その際、電子カルテや看護師からの申し送りだけに頼るのではなく、子どもから直接得られる情報を重視していることが特徴です。

奥山先生　その子どもから子どもの情報をもらう。カルテには書いていない、子どもからの子どもの情報をもらうっていうようなことをするんですけど、それは、子どもと腰を据えて、じっくりお話をして、関わってみなければわからない。大きい、小さいがわかるのか、長い、短いがわかる子なのか。時計を時計って言ってわかるけど、果たして長針と短針を読めるのか。長針と短針の時計は読めないけど、デジタル表示の数字だったら時間を理解することができる子どもっていうのも中にはいる。そこはとても大事なこと。その辺のところを知ってて、そこを活用して子どもとお話しすれば、その子にスムーズに伝わるから。

　「とにかくこの、AちゃんならAちゃんの持ってる力が、この新しい環境の中で発揮できるように合わせられるのは大人の側でしょって思うんですよね」と話す奥山先生。自身を含め、病院のスタッフができるだけ子どもと直接、スムーズにコミュニケーションがとれるように、子どもについ

てさまざまな情報を収集し、共有している様子がうかがえます。

入院に関する子どもの理解を確認する

　さらに子ども自身から発せられる情報の一つとして、子どもの現状理解があります。自分が病院にいるということを理解しているのか。何のためにそこにいると思っているのか。奥山先生はまず先にそこを確認するといいます。

　奥山先生　そもそもだから、どうして今日ここにいるのかっていうことを聞く。どんなふうに思って、今、ここにいてくれるのか。「ねえねえ、どうして今日ここに来てくれてるの」って。ここが病院かどうかっていうことも、あたしは言わないで、どうして今日ここに来てくれたのって聞くと、「パパやママと来たんだよ」って言う子もいるし、「わからない」って言う子もいるし。点滴持ってる子だと「手が痛いから」って言う子もいるし、ああ、そういうふうに思ってるのねって。「お熱が出てね、おせきが出てね、げぼしたから来たの」って言う子もいるし。

　奥山先生はその他にも、子どもの気持ちを聞き出す時について「誘導にならないように、その子の言葉で、その子なりの今の気持ちが聞きたいって思うので、その結果として、私は、困ってることや心配なことがある？　って、何かお手伝いすることある？　お手伝いできることがあるかな？　っていう形で聞く」と話しています。

　あとでも述べる通り、子どもの理解や気持ち、経験を確認する上では、可能な限り誘導性が低い質問形式（自由質問など）をとる必要性が指摘されていて（e.g., Fritzley & Lee, 2003）、最近では、例えば司法面接の場でも

そのような形がとられるようになってきました。その意味で、奥山先生のように、そこが病院であることも伏せた上で、子どもが自身の置かれている状況をどのように認識しているのかをたずねることは、子どものより正確な認識を確認できるという意味でとても有効だと考えられます。このように丁寧に子どもの理解を確認しておくことで、そのあとに子どもが不必要な不安を感じることが減ったり、病院スタッフとのミスコミュニケーションを減らしたりすることができるでしょう。

入院中の生活の見通しを伝える

　さて、子どもからしてみると何度も繰り返し入院しているわけでなければ、入院生活がどのようなものかわからないのは当然です。おうちのルールや、保育所や学校のルールと、病院のルールは、同じところもあれば、違うところも多いもの。しかし、大人にとってはある程度自明であるためか、案外説明されないこともたくさんあります。

　奥山先生　今は学校の給食も幼稚園の給食も、基本的に、全量摂取プラスおかわりみたいに、ピカピカ賞を目指して召し上がれっていうふうにしているところが多いので、「いらない」っていうことをなかなか言えないお子さんたちが多いなって感じています。

　もう手が止まっている子どもたちのところに行った時には、一番食べられないものはどれなのかっていうところから、そのおかずの中でランキングにして、「絶対に食べられないもの」「絶対よりはいいけど、食べられないもの」「なるべく食べたくないもの」っていうふうにしていってもらって。で、一番最後の食べられないものは、要するにこの中では、まあ食べてもいいかなと思えるものというふうになってくるので。「じゃあこれを、食べられる分だけ食べてみ

る」って言って。食べられる分って言われると半分ぐらいとかって思うみたい
だから「スプーンに1さじでもいいし、お米1粒でもいいのよ」って。だから
「それを自分で決めて、お口に入れてみて、嫌だと思ったら出せばいいから、
やってみる？　できそう？」って聞くと、しばらく考えて、「じゃあ、やる」と
かって言って、やってくれる。で、食べてみると、やっぱり嫌だっていうお子
さんもいるし、自分のおなかの空き具合に気がついて「これは食べられる」っ
てなる子もいるし。だから、召し上がれる分だけ食べてもらって。で、そこで
必ず言うのは、「今朝ごはんを残しても、お昼はまたおかず、ごはんと来るから、
おなかが空いたら、またお昼のごはんに食べればいいんだよ」っていうこと。

　子どもは、病気になったり入院したりする中でさまざまな「わからな
さ」を感じるといわれています（石井, 2014）。自分の体調は、いつよくな
るのかな？　次はどんなお薬飲まなきゃいけないんだろう？　というよう
な、病気に直接関わることも多い一方で、明日には学校行けるかな？　こ
ういう時って、遊んでもいいのかな？　など、一見、病気と直接関わらな
い、生活まわりのことについても「どうなんだろう？　どういう意味？」
と疑問を抱くということです（Ishii & Endo, 2022）。また、特に子どもの
場合は、自分がわからなくて不安だということを自覚することも難しく、
なかなか不安を解消できないことや、上のエピソードのように、きっと学
校と一緒だろうと考えてつらい思いをしてしまうこともあります。おうち
や学校とは違うからね、病院はこういうルールだからねと伝えることに
よって、子どもの無自覚な不安が解消できると考えられます。
　ちなみに、そもそも食欲がなく、いつものごはんでもない、おうちの器
でもない中で、「さあどれから食べる？」とたずねても、会話のきっかけ
さえもつかめないという奥山先生。あえて食べられないものをたずねてい
くと教えてくれました。

体調不良の自分とのつきあい方が学べるように

　続けて奥山先生は「この話をする時に、やっぱり、その子の入院の理由
とか、その治療をしている中の今のこの子のポイントみたいなところは
知っていないと、その言葉がけはできない」と話しています。

奥山先生　外科的におなかをいじってきた子どもたちとか、ようやくお食事
が始まった子どもたちとか、耳鼻科で扁桃腺摘出した子どもたちなんかは、食
べるとおなかが痛くなっちゃうかもしれないとか、嚥下が痛くて嫌だとかって
言うこともあるんだけど。飲み込めないし、飲んだら痛いから怖いんだけど、
でもおなかは空いてくるので、目はすごく食べたいと。頭の中では、すごく食
べたいものがいっぱいあるとかっていうお子さんたちには、食べた時の自分の
体と相談してみるということに気がついてほしい。絶対食べられないものリス
トでもいいし、ちょっと食べられそうって思うものとか、嫌だって思うその気
持ちの、その理由のところを教えてほしいっていうふうに伝えていて。

　病気や症状への対処法、医療サービスについて学ぶという点で、病気に
なる経験は子どもの社会化において最も重要な経験のひとつであるといわ
れています（Parmelee, 1986 など）。また最近では、慢性疾患をもつ子ども
たちが、親や医療者に管理してもらわずに、自分の体と主体的に、能動的
に関わって、管理できる能力を育てる必要性も指摘されています（自己管
理やセルフケアといわれます）。病気の時、いつもと違う自分の体の声に自
分で耳を傾けてみるということ、どうしたら食べられそうか、どうしたら
元気になれそうか、自分で考えてみるということ。でも、適切な手助けが
なければ、病気や治療はただ不安で、怖くて、つらい経験になってしまう

ことも多々あるでしょう。子どもが自立した個人として成長できるように
という視点で関わるこのような実践は、病棟においてはとりわけ重要な意
味をもっているのです。

しんどい時、どうしてほしい？

　クリーン病棟［造血幹細胞移植や強力な化学療法を受ける患者さんを対象とした病
棟］に勤務する木村先生は、特に、保育対象とする子どもが身体的にも精
神的にも負荷の大きい処置や治療を要することから、病棟に来たあとでき
るだけ早い段階で、体調が悪い時の子どもの様子や、つらい時にどのよう
に関わってほしいタイプかなどについて情報収集すると教えてくれまし
た。

木村先生　　元気な時、普通の治療してる時にできるだけ関わって、好きなこ
ととか、家族のキャラクターとか本人のこととかを知って、関係が十分にでき
て、「体調が悪い時こうなるよね」みたいなのもわかってから、その暗い時期に
入ったほうが、「今はほんとに一人がいいね」とか、「ちょっと、こういう時、
一緒にいてほしいタイプだよね」とかっていうのがわかるので。

　当然のことながら、体や気持ちがしんどくなった時、どのように支えて
もらいたいかは子どもによって異なります。木村先生がおっしゃるよう
に、一人になりたい子もいれば、一緒にいてほしい子、話を聞いてほしい
子、気分をそらす手伝いをしてほしい子などさまざまです。この時、子ど
もの要求と支援の方法が合わなければ、さらにストレスになってしまうこ
とは言うまでもないでしょう。
　実際に、木村さんは次のようにも話しています。

木村先生 すごく体調悪い時も、このあそびならこの子は自分でやりたいって手を伸ばすみたいなのにも、ほんとにつらくなると伸ばさなくなる時期もあって。そこまでいっちゃうと、つらい時にどうしてほしいのかっていうのが伝わらないことに、どの年齢の子もすごくイライラしちゃったりして。

みんな何回も聞き返して、その子が嫌になっちゃうみたいなこともあるんですよね。やっぱり看護師さんとかってどのぐらいつらいかで入れる薬を調整するし、今入れちゃったら何時間使えないとかそういうのもあるから、すごい細かいところまで知りたいし、「何？ もう一回言って？」みたいなこととかもあるみたいなんですけど、でも、子どもたちは声を出すのもつらいから、だんだんやめちゃうんですよね。そうやって、気持ちを出そうとすることをやめちゃうのが一番怖いなと思うんです。

その時何も言わなかったとしても、この子、この毛布のかけ方じゃないと寝れないなみたいな、そういうのもあったりするじゃないですか。その子の訴えもないけど、いつもの毛布のかけ方をこちらがわかってて直してあげることで、ちょっと休めたり。その一番つらい時には「どのかけ方？」とかやってる場合じゃないから、それはその前の段階でその子のことを知るとか聞くみたいなのは、すごい大事にしてるかもしれないです。

ここでは、気力を振りしぼってようやく意思表示してもそれが伝わらず、どんどん意思表示をしなくなってしまう子どもの様子があります。精神的なサポートが特に求められる病棟だからこそ、そして、子どもがいつでも意思表示してくれるわけではないからこそ、子どもの性質や状態に合わせた支援ができるよう事前の入念な情報収集の大切さが伝わってきます。

コラム
泣いてる子が最優先？

　病棟保育士さんとお話ししていると「あの子が泣いてるから、抱っこしてあげて！」と看護師から指示される、という話をよく聞きます。それは、面会に来ていた親が帰ってしまいさびしくてベッドで泣いている３歳の子の場合もあれば、処置室で、処置が怖くて泣いている２歳の子の場合も、うまく入眠できなくて泣いている赤ちゃんの場合もあります。看護師さんとしても、泣かせ続けることが心苦しくて保育士にお願いすることもあれば、そもそも子どもを泣きやませる・子どもが泣かないようにすることが保育士の仕事だと考えて依頼することもあるなど、さまざまな状況がありますが、このような場合に保育士はどうするといいのでしょうか。

　今回お話をうかがった保育士の皆さんが、いくつかポイントを挙げてくれました。「はい、行きます」とすぐに答えてしまいたくなる場面ではありますが、皆さん、まずはなぜその子どもが泣いているかという、理由を探るといいます。自分がフリーな状態であれば病室に出向くかもしれませんし、他の子の対応中であれば、看護師など、他の人にたずねるかもしれません（フリーであっても、その子の性質上、保育士を見ると離してくれないことがわかっている場合には、あえて周囲にたずねることも）。おもちゃを一つ差し入れればすむ理由なのか、誰かの寄り添いを必要としているのかで、対応が異なるからです。

　ただ、その子どもがどんな理由で泣いていたとしても、ようやく今、目の前であそびに没頭し始めた子を置いていくほどなのか、「明日の10時になったら行くからね」と前日から約束していた子どもとの約束を反故にしてまで対応する必要があるのか、ということも考える必要があり

ます。鈴木先生は、泣いている子の緊急性を感じて、目の前の子から離れる必要がある場合には、その子自身や場合によってはそのご家族にも、しっかり理由を説明したり、次の約束をしたりするなどして、信頼関係をこわさないよう注意すると話していました。奥山先生も、とにかく今目の前で対応している子が「納得してくれて、じゃあねって言ってくれるかどうか」を重視していると話していました。

　また、泣いていないからといって、違う子が精神的に安定しているのかといったら、必ずしもそうではありません。特に学童の子どもなどは、小さい子ばかりの中で自分が泣いてはいけないと考えて、じっと一人で耐えていることもあります。毎日泣いて自分の意思を表示できている子よりも、保育士の寄り添いを必要としている子もいるかもしれないということです。

　多くの病棟では、20床から50床ある中で保育士が1人、2人という状況です。対応できる人数に限りがあるなかで、どの子を優先していくかは難しい問題です。全員とずっと一緒にいられない状況では、どの子に対しても相手の年齢に合わせて可能な限り言葉を尽くし、見通しがもてるように説明を行うことで信頼関係をこわさないようにすることが大切でしょう。

　大勢いる看護師に対して保育士が1人配置の場合や、そもそも保育士が看護部所属で直属の上司が看護師である場合、どうしても保育的な視点を主張し、優先することは難しいかもしれません。少しずつでも、保育士の考える優先順位やその理由を説明して、病棟保育について理解を得られるようになるといいなと思います。

コラム

生活介助って誰の仕事？

　オムツを換えたり、食事を食べさせたりといった生活介助は、一般の保育所であれば保育士が行う代表的な業務の一つだと思います。そのためか、病棟でも、このような業務を保育士に任されることがあります。しかし、保育所の健康な子どもと、入院治療中の病気の子どもでは、生活介助の意味が異なることも多くあります。例えば、心疾患のある赤ちゃんの場合、何ml おしっこが出たのか把握しておくことが治療上重要になる場合があります。また、違う疾患でも、ウンチの色や量が、治療上大事な指標になることは少なくありません。このように、生活介助の内容が治療と直結する場合、保育士がそれを担うことがよいのかどうか、議論の余地があるでしょう。

　一方で、例えば食事を食べさせるという行為だけをみた場合、必ずしも保育士が行う必要はないのかもしれませんが、保育士だからこそできる支援があるとも考えられます。看護師が食事介助を行う場合、確実に、早く栄養を摂らせたい、事故を防ぎたい、という思いから、子どもの育ちという側面からみた時に最善の支援ができているとは限らないからです。病院に就職後、子どもの食事場面に関わった時に受けた衝撃について、木村先生が話してくれました。

木村先生　食事の場面に関わってみたら、すごい食べ方してたんです。「これ、おうちだったり保育園だったら、こういう食べ方はさせられないよね」っていう感じで……。その時、幼児の病棟だったんですけど、パンをこうやってガブッてかじり取るっていうよりかは、もう前もって「これは鳥が食べるのですか？」っていうぐらいの細かさにちぎってあったり。看護師さん的には、自分で食べやすいようにとか、詰まらないようにと

か、配慮した結果だとは思うんですけれど、保育士からしてみると、この
ぐらいの量を自分でかじり取って食べることを覚えてもらいたいなと思っ
たり。あと離乳食の子だったら、いろんな食材に触れさせてあげたいと思
うところで「混ぜたら食べられるよ」って言われたり。幼児期の子でも、
おにぎりにしてお醤油をすごい量つけてたりして。「それ、お醤油はごは
んにそんなにつけないほうがいいんじゃない」って私は思うけど、看護師
としては食べやすくて摂取できればいいじゃないって思ってたり。私はそ
の子のその先の人生も考えた時に、例えば小学校に行って、お醤油がない
とごはんが食べられないとか、「病院にいた子たちだから何も知らない」
みたいな思いをさせられないって思ったんです。

　奥山先生は、次のように話しています。

　奥山先生　食事介助も、例えば食べている時の口の動き方とか、「残し
ちゃダメでしょう」ではない、残した子どもの言い分っていうようなとこ
ろを探っていく、っていうところは必要かなと思う。食べない、食べな
いって言ってたら、ああ、その姿勢じゃ食べにくかろうって、このイス
使ってみませんかとか、このスプーンじゃ大きすぎるから、もうちょっと
この口に合ったスプーンを使ってみましょうって言うこともできるし。

　すでに自分で食べる力がついていたにもかかわらず、長い入院期間
中、スピード優先で看護師にすべて食べさせてもらっていたために、退
院時に自力で食べられなくなることもあるといいます。この場合、子ど
ものペースに合わせ、子どもに食べる力をつけさせてあげられるのは、
保育士の専門性でしょう。食べない子の食べない理由に気づけるのも、
保育士ならではかもしれません。

　この他にも、例えば入浴介助など、行為としては看護師も保育士も両

方やろうと思えばできそうな生活介助がたくさんあります。病院・病棟に配置されている職種やその人数が違うため、はっきりと、誰が何をやるべきだと線引きすることは難しいですが、一ついえるのは、奥山先生が言うように「全部保育士が担いますっていうのも、絶対にやりませんっていうのも、少し違うかな」ということかなと思います。子どもの治療と育ちの両側面から総合的に考えて、多職種で協働できることが理想でしょう。

2

病院にも
「普通の子ども」
の世界を

日中の生活を豊かに

　病棟保育の仕事について、ただ遊んでいるだけで、特別な専門性ではないんじゃないか？　ととらえる医療者がいることも耳にします。でも、保育士が実践するあそびには、本当にさまざまな思いが込められています。

　奥山先生　　豊かなあそびというか、豊かな日中があれば、夜は具合が悪くてぐずることとかもちろんあるけれど、いい眠りにつながるっていうふうに思うし。それが結局は体の回復にもつながるから。

　子どもは病気を治したり、検査したりするために病院に入院するので、当然、普段のように遊ぶことが難しい場合が多くあります。少し遊ぶ元気があったとしても、ベッドの上で安静にしていることが求められる子どもも多いですし、お気に入りのおもちゃがない、おもちゃで遊ぶ体勢がとれない、すぐに検査や治療が入ってまとまった時間がないなどさまざまな制約の中で、どうしても入院中の子どものあそびはおろそかになってしまい

ます。病気を治しに来ているんだから仕方ないでしょう、と思われるかも
しれません。でも、奥山先生が言うように、しっかり遊ぶことで、おなか
が空き、栄養のあるごはんを食べることができるようになり、夜も眠れる
ようになって、病気から回復することにつながることもあります。点滴が
入っていて思うように腕が使えない、ベッドから起き上がることができな
い。そんな制約の中で、どのように日中を豊かにしていくかが、病棟保育
士の腕の見せどころです（遠藤, 2016）。

あそびは、時に寄り添うツールにも

　西村先生は、コミュニケーションツールとしてあそびという形をとるこ
とも多くあるといいます。

西村先生　悶々としていて、誰かにそばにいてほしいと思う時もあるじゃな
いですか。そういう時、別に勝敗は関係なくて、例えば将棋を介して、その空
間に一緒にいるとかっていうことを目標的なことにして、そこからこのおも
ちゃを介しての心の交流っていうのができてくれば、ちょっとは違うのかなと
か。コミュニケーションツールっていうか、あそびをね、それに使うことって
けっこう多いかなっていうのはあって。

　「**コラム** 集団保育ってしたほうがいいの？」（68 頁）でも、特に小学生や中
学生くらいの子どもの場合、時間をともにする手段として遊ぶという鈴木
先生の実践を紹介しています。あえて、コミュニケーションをとってもと
らなくてもいい空間を設定することによって、「ただそばにいる」ことが、
その子のペースで話したくなったら話すことを可能にしていることが伝
わってきます。

病院の中でも、あそびを通して育ちを促す

　病棟でのあそび支援というと、やはり代表的なものが成長発達の支援だと思います。鈴木先生は、子どもの育ちを意識した働きかけは、たとえ数週間の短期入院であっても行うといいます。

（鈴木先生）　ちょっと病状が落ち着いて、1〜2週間入院するようなお子さんとかは、泣くことも少ないし遊んでるけど、いつも自分の好きなあそびしかしてないから、例えばここにちょっと一個、発達のワンステップにつながるようなおもちゃを用意したりとか。3〜4ヵ月の子でも見て遊べるので、いろいろベッド柵につるしたりとか、目に見えるとこに絵本を置いたりとか。おうちの人だと、4ヵ月の子って何にも遊べないですよねみたいな感じなんですけど、でも、こういうコントラストのある絵本とか、よく見ますよとか、そういうちょっと

貸し出し用のおもちゃ

発達に合ったおもちゃを提案してあげたり。

　一方で、次のような話もしてくれました。

　鈴木先生　消化器、腸の疾患の子たちなんですけど、全部、点滴からの栄養
で育ってるんで、それこそ口から少し食べられるようになるのは、腸の機能や
経口摂取の状況などで個別対応なので、1年半で帰れる子もいれば、2〜3年
になる子もいてっていう感じで。
　そういう子に、保育で、それこそ生活を援助するじゃないけど、その時に必
要な経験ができるようにっていうところで。ままごとをしてても、普段ごはん
を厨房でつくってるからフライパン出しても、これ何？　って感じなんです。
だから料理番組を見たり、ままごとをしながら、食べるってこうだよっていう
のを経験しとかないと、自分がいざ食べるとなった時に、え？　何？　ってな
るから。ミルクも飲んだことないような子たちが、いきなりもうミルクは通り
越して食事（（経口）栄養剤や離乳食）みたいな子も中にはいたりするからね。

　子どものあそびの時間を通して、経験の幅を広げようとしていることが
うかがえます。病院には、このように生まれてから一度も食事を摂ったこ
とのない子など、病院の外であればかなり一般的であるような生活経験が
乏しい子が一定数います。発達段階に合わせたあそびの提案はもちろん、
このような子のその後の生活を見据えながら、必要な学びや経験を広げて
あげられるのも病棟保育士ならではではないでしょうか。

ただ遊んでいるように見えるけど

　奥山先生は、あそびを通して、医療者［医師・看護師］が目指す離床が促

されることもあると話しています。

奥山先生　外から見たらただ楽しそうに遊んでるように見えるところでも、この子は起き上がる働きかけが必要だっていう時に、「起きなさい」って言うんじゃなく、遊んでいるうちに思わず起きなければならないような状況が発生するような働きかけをしていたら、起き上がったとか、そういうことが起きてたりするんです。

　起き上がりなさい、ごはんを食べなさい、寝なさい、薬を飲みなさいなど、家や保育所ではもちろん、病院でも、子どもにやってもらいたいことはたくさんあります。この時に、大人の要求をそのまま伝えて納得を得る場合もあれば、子どもがどうしてそれを行わないのか、どうしたらそうしたくなるかを考え、場合によっては、そのように気持ちが動くように直接的な言葉がけ以外の方法で関わったり環境を整えたりすることもあるというのです。たとえ医師からのリクエストであるとしても、子どもの言動の背景にある理由を考え、柔軟なアプローチをとるのが保育士の保育士たるゆえんなのでしょう。

どのような制約があっても、遊べることを示していく

　ここまでみてきた通り、病棟では背景にさまざまな保育的意図をもってあそびが提供されますが、いつでも容易に必要なあそびを提供できるわけではありません。それでも、どんな時もあきらめず、どうにか子どもの「やりたい」という気持ちを実現しようとする保育士の実践があります。

西村先生　ベッドから起き上がれない、動けないお子さんが「トーマスをや

りたいよ」って言った場合は、トーマスは逆さまには走らないので、「トーマス、申し訳ないけど紙になっちゃうけどいいかな」って言って紙とかでつくったり、あと立体的なのつくって、それにマグネットをつけて逆さまでもできるようにするとか。横向きでいいかなとかって提案して、「そんなのおもしろくないよ」ってなってくると、これやってみようかなみたいな感じで「じゃあ、仲間のパーシーとかジェームスとかっていうのってどれ？」みたいな感じで、シルエットクイズみたいのつくったりとか。あと男の子はとにかくタイヤが回るのが好きなので、現物を持ってきて手の上で走らせてみたり、私が板をかざして走らせてもらったり。「手疲れない？　大丈夫？」「うん。おもしろい」「曲がると音が変わるの知ってる？」「知ってる」とか言って。板に線路を貼りつけたこともありますね。

　この他にも、子ども自身があそびに制約を設けてしまう場面について、西村先生が次のようなエピソードを教えてくれました。

（西村先生）　医療者として離床を図りたいみたいなのがある時に、例えば絵を描くんだったら座らなきゃいけないとか、粘土をするんだったら手が両方使えなきゃいけないっていう知識があると、子どものほうが「私、今痛いから起き上がれない」とか、「手に１つモニターついてる。これでさないな」って思っちゃって、子どものほうから「やらない」って言ってくることもあるんです。そうなってくると「できるよ」っていう提示をしてあげるっていうのが大事かなと思っていて。ヤマトのり、水のりを絵の具に入れて、それをまず私が描いてみせて、「画用紙をこうやってしても落ちない。だから、汚れないよ」って。「でも、手が」って言ったら、「筆が細くて持てなかったら、腕に巻いて持てるようにしてあげるっていう方法もあるよ」っていうことを提示してあげると、「そうなんだ」って。

　この前も、手術を終えた子が全く動かない、お母さんの言葉も聞かないっていう情報をもらったので、行きました。「こんにちは」って言ったら、私の顔を覚えていて「プレイルームにいた人だ」みたいな感じで。「絵の具あそびとかできるよ、ここでも」って言ったら、それまでお母さんの携帯に視線をやりながらだったんですけど、絵の具っていう言葉を出した時に、目がキランみたいな。「今痛いから動けないよね」って言って。「動いてほしいっていうのはみんなから言われてると思うけど、でも、あそびは大丈夫だよ、起き上がらなくてもできるよ」って言ったら、私の顔をずっと見ながら聞いてくれてたんです。

　その後用意して持っていったら「本当に落ちない？」って言うから、「ほんとに落ちない。じゃあ、もう一回試してみようか」って言って試してやってたら、「おー」って。のりが入ってるんで、すごく伸びるんですよ。おもしろくなっちゃったら、本人が「座りたい」って言ったんですよ。それを聞いたお母さんがリアクションしそうになったのでちょっと制して「そっか。起き上がってやりたいんだ？」ってなんでもないように言って、「じゃあ、ちょっと上げてみる？」って言って。ギャッジアップ［ベッドの頭側の角度を上げること］は何度かしたことがあったみたいで、「ギャッジアップしちゃう？」って聞いたら自分で起き上がれるっていうので、15分くらいかけて結局自分で起き上がれて。

　例えば運動会とか発表会とかを絶対やらなきゃいけないってことはないと思うんですよ。だけども、絵を描いたりとか自分が好きな色を塗ってみたいっていうことは私たち保育士の工夫次第でできることはあるなって思うので、それは私たちにしかできないことかもしれないので。ただ、まわりの環境を調整する上では、じゃあどうしてこのあそびが大事なのかっていうことも看護師さんとかに伝えなきゃいけない部分があるので、その辺は私たちがちゃんと言語化できるかってとこにかかってくるかなと思います。この子の時も、医療者側は離床を図るっていうのも一つの目的かもしれないんですけど、もう一つはやっぱり子どもらしいあそびを提供したり、あとは受けた医療っていうのの発散っ

ていう意味もあったので、そこは看護師にはちゃんと伝えておかないと、〇〇
をすれば離床するっていう考えにもつながりかねないので。あそびをその方法
論として使ってほしくないなっていうのも実は私の中ではあります。

　さまざまな学びや経験をさせてあげたい、（医療的な意味では）離床を促
したい、発散させてあげたいなど、子どもにあそびを提供する背景にはさ
まざまなねらいがありますが、このエピソードから、その根本には子ども
らしいあそびを保障したいという思いがあることが伝わってきます。あく
まで、そのような子どもらしい時間や主体的、能動的なあそびの時間が提
供されるからこそ、子どもが遊び込むことができ、心地よく疲れて生活リ
ズムも整ったり、思わず座ってしまったりするのだと思います。保育士を
はじめとする大人のねらいや意図が先行してしまっては、同様の結果が得
られない可能性もあるのではないでしょうか。医療者への説明を意識する
と、つい、「〇〇のためのあそび」になることも多いと思いますが、それ
は、子どもの「あそびを目的としたあそび」ができている時に、あくまで
結果的についてくるものだということを、意識する必要があるのかもしれ
ません。

暗闇の、極限状態でも、あそびを保障する

　本当に極限状態になると、どんなに普段活発な子どもでも、自分で体を
動かして遊ぶことが難しくなってしまうといいます。木村先生は、移植後
で治療のピークのつらさにあり、唾を飲み込むこともつらく、部屋の電気
さえもつけたがらない子どもの隣で繰り広げるあそびについて教えてくれ
ました。

木村先生　喉の痛みは 1 週間ぐらいピークがきて、だんだんよくはなってい
くんですけど。でも、部屋の電気もつけたがらなくなるんですよね、もれなく
みんな。真っ暗で、部屋も。

　定時に入る痛み止めとかも入ってるけど、やっぱり眠りは浅くって、いつも
の時間、午前中 10 時ぐらいとか遊んでた時間は寝てたりするんですけど、「今
いける」みたいな時ってやっぱりあって。真っ暗の中「おはよう」って入って
行く。その時は、その子たちも「来ないでくれ」みたいなことってあんまりな
くって。でも、youtube を見るのも大変になってるほど、何かをする気力も活
気もないような時は、その子が好きなあそび、そこだけはいつものその子って
いうことになるんだと思うんですけど、それを持っていくと、やっぱり自分が
やってたいつものあそびを、私が一人でやるのを見るんですよね。例えばおま
まごとでも、一応「じゃあ、〇〇ちゃんのお母さんにも今一緒につくったごは
ん、あげようか」なんて言うと、それはうなずいたりするし。だから、そこで
はちゃんと参加してるんだと思うんです。一通り流れがあって、疲れちゃうか
ら私もそんなに長くなるようなおままごとにはしないようにして、「じゃあ、私
は食べちゃおうかな、いただきます」なんてして。だんだん疲れてきてサイン
が出てくるので、「ちょっと休憩しようか」って言ったら「うん」って大抵なっ
て、タッチングとかしてたら眠ってみたいな。

　でも、それがその後「あれ、楽しかったよね」とか言うんですよね。元気に
なって本退院の前とかに「あの時、木村さんとあのお部屋でおままごとしたよ
ね」って、まるで自分もとんとんって普通にやって遊んでたように「一緒に遊
んだよね」とか言うから、ほんとにそのつもり、その気持ちでやってくれたん
だなとは思うんです。

　退院していく時、子どもたちが、まるで自分たちも野菜を手に持って、
体を動かして遊んだかのように、その時間のことを振り返るということが

印象的です。真っ暗な部屋で、おままごとをしているその間は、少しでも痛みや治療への不安を忘れられる時間になっていると思います。痛みやしんどさからではなく、遊び疲れてすっと寝ることができたわが子を見て、付き添っている家族も、本当にほっとするのではないでしょうか。どんな時も子どものあそびをあきらめず、あそびの「形」にこだわらず、柔軟にあそびをとらえている病棟保育士の実践です。

ちっちゃい気持ちの芽生えをすくいあげる

　どうしても病院では、さまざまな処置や検査の時間が決まっていて、その通りに動くことが求められます。そのため、子どもの気持ちが整うのを待っていられないことも少なくありません。木村先生はこのような環境だからこそ、子どもたちの気持ちの動きに寄り添ってあげたいといいます。

<u>木村先生</u>　学童の子とかは特にやっぱりすごく時間が必要で、例えば、プレイルームに行きたいんだけど、出るまでにまず個別の関わりをすごく必要としてたりとか。「今日プレイルーム行って何しようか」なんて言うと、「行かない」とは言わないけど「ちょっとこれ見てよ」って、引き留められたり引き延ばしたりしながら30〜40分話をして、そこから自分で「そろそろ行こうか、プレイルーム」って言ったりとか。そこからだとまた1時間ぐらいプレイルームにいたりすると、もう2時間近くその子との関わりが必要になるんです。
　「この子は絶対この30〜40分後に行きたいって言うんだよな」とかっていうのがわかっているので、そこでそういう「自分から」みたいな気持ちになったところをすくうというか。ただでさえ、「どうせ」とか「まあいいや」みたいな、「しょうがない」「できないか」みたいな生活を、たぶん、私が思ってる以上にしてる中で、「今これやりたいかも」とか、「今ちょっとここに行こうか

な」っていう、ちっちゃい気持ちの芽生えを。ほんとプレイルームって数歩歩いたらある場所なんですけど。でも、そういう気持ちを大事にしたいんです。

　このように思う背景には、つらい治療をしていることだけでない、少人数の病棟ならではの制約があるためだと話しています。

（木村先生）　自由度が本当に少ないんです。出歩いちゃいけないとかいうことじゃなくて、例えば学童だけがいる病棟だったら、プレイルームに行った時に「ああ、○○ちゃんはいるけど、この子とはあまり気が合わないからあとでにしよう」とか、「時間空けていったら△△ちゃんがいるから、今遊ぼう」とかっていう、そういう余裕のある動きができるのかなと思うんですけど。ここはそもそもの人数も少ないし、その時、学童の子が何人いるかもわかんないし、女の子の中に男の子１人とか、全然気が合わないメンバーとか、それも３～４人だったりすると、もうそこの選択肢すらなくて。自然にふらっと行って「気が合う子、誰かいるかな」とか、「何かしようかな」みたいな、そういう自由さ。何か迷ったり考えたりする自由さみたいなのがなくて、もうそこさえ指定されてしまうっていう感じがすごくあるんです。

　保育園や学校であれば当然のようにある自由が制約されてしまう病院の中で、少しでも子どもの心の動きに寄り添ってあげたいと話す木村先生。さらにクリーン病棟では、つらい前処置に耐えたからといって痛みが出ないとは限らなかったり、つらい処置や治療をしたからといって治すことができず「あんなにがんばったのに」と理不尽な思いをしたりする子も多いといいます。西村先生も「子ども自身の気持ちが動いてない時って、何をやっても無駄ですよね」と話しており、つらい治療を強いられる病院の中で、子どもの気持ちの動きに敏感であることの重要性が示されているかと

思います。

子ども同士の育ち合いを保障する

　一つ前のお話とも関連しますが、病棟保育と一般の保育所保育との違い
として、子ども同士の関わりの量が挙げられます。多くの病棟では頻繁に
入退院があるために、病棟のメンバーは流動的です。また、病棟にいたと
しても、そもそも遊ぶどころではないことも多いですし、感染症にかかっ
ていたり、治療上の理由でベッド上安静になっていたりすれば、たとえ気
持ちは元気でもプレイルームに出て遊ぶことはできません。さらに、保育
士としても、個人情報に配慮する必要があるので、同年代の子どもが入院
してきたとしても、それを保護者の了承なくまわりの子に知らせるわけに
いきません。このような状態で子ども同士の関わりを保障することは難し
いですが、西村先生は「でも、子どもは病棟の中で子どもを探してますよ
ね」といいます。

　西村先生　友だち関係をつくるとかっていう意図をもたせようとしたら、
「カードゲームで人数足りないから一緒に入ってもらってもいいかな」って声を
かけたりとかもありますし、おままごとの場面でもお母さんと一対一でやって
いて、お店屋さんごっこをしたい、レストランごっこがしたい、だけどお客さ
んいないってなった時に「一緒にやってみようか」みたいなのは誘えるんです
けどね。あと乳幼児であれば、他の子どもの動きを観察できるようにしたりと
か、思春期の子どもであれば、お互いの存在を、了解を得た上で伝えて、カー
ドゲームやボードゲームなどをしながらその年代ならではの会話ができる機会
を設定したりとか。集団保育をあえてやることはないけど、子ども同士で学べ
ることは学んでもらいたいなって思うんで。

　ただでさえ我慢が多い病棟の中で、無理に一斉保育に参加させたくはないと話す西村先生。とはいえ、大人が圧倒的に多い環境では、子ども自身が人間関係の中で必要なことに気づき、実践する機会が少ないことにも注意が必要といいます。例えば、子どもが自分で雰囲気を察して今は待ったほうがいいかな？　と気づく前に、親が「待ちなさい！」と言ってしまう場面が多いというのです。そのため、子ども同士の交流が自然発生した場面はもちろん、時には子ども同士の交流をそっと促すことで、子どもの中での学び合いを大事にしていることがうかがえます。

西村先生　基本的に設定保育とかはしないで「よかったらやってみて」みたいなスタンスです。誰かがスライムやってる時に、気が向いたらみんなでやろうかみたいなことになる。そこに来たお兄ちゃんがすごい上手、スライム名人で、「私もつくってもらいたい」「私もつくってもらいたい」って言うと、一人ずつつくるから、じゃあそこで待つっていうことを学習したりとかっていうふうにはなるんです。

　あくまで子どもの「他の子どもと関わりたい」という気持ちを大切にしながら、交流や学びを促している様子がうかがえます。

子どもの「囲い」をゆるめていく

　病院の中はもちろん、医療を必要とする子どもは、病気や家族、時には制度上の事情で、病院の外でも大人しかいない家庭の中で育っていることが多々あります。中には、自分の子どもがまわりの子どもへの迷惑になることを恐れて、親が周囲との関わりにストップをかけてしまう場合も。病

棟の中でこのようなことが生じた場合について、奥山先生が次のように話
してくれました。

（奥山先生）　半身にマヒがあったので、いろいろ遊びたいけど、お子さん同士
の距離っていうところがうまくできないっていうのがあって。いじめちゃった
りはしないんです、でも力の調節が自分でうまくできないから、お母さんとし
ては、相手に何か危害を与えちゃうのは怖いから待ったをかけ続けてて。でも、
さすがに3歳くらいになって、子どものほうが、そういうふうにされると嫌
だって言うようになってきて、そこにお母さんがとまどっているタイミングで
の入院で。

　だからお母さん、ぶつかっちゃうのはありだし、この年齢だから、ぶつかっ
た時に「ごめんね」とかって言うのが許される。この子自身も手をいちいち止
められちゃうと、あそびが全然楽しくないから。「どうですか」「どうですか」
「どうですか」って、そこにいるお母さんたちに聞いて、いいよって言うから
（笑）、「ちょっとぐらいぶつかっても、ちょっとぐらい取り合いになっても、み
んながいいって言ってんだからいいじゃん」って。「私もここにいるから、お母
さんもいろいろ言いたくなっちゃって嫌だったら、部屋戻ってもいいよ」って
言って。このお子さんの様子っていうのをお母さんが見ていると、やっぱり口
が出てくるから、「お母さん、口にチャックして」って言ったりね。

　西村先生は、子ども自身のことを心配して、親が子どもを囲ってしまう
ことも多くあるといいます。

（西村先生）　心疾患の子たちで、いろんな素材がはじめてな子がいるんですよ。
風邪ひいちゃいけない、何しちゃいけないなので、退院したからって保育園・
幼稚園は行ってなくて、ほぼ家の中っていうか、お母さんの意図した世界の中

で生きてるから。なので、プレイルーム来ると、はじめてなんです、スライム
とかなんて。もう触れないわけですよ、何じゃこりゃあなんですよ。のりだっ
てやったことないぐらいなんで。指切るかもしれないハサミも、他の子が使っ
てても、自分はダメって言われてるからって 4 歳 5 歳でも使わなかったり。で
も子どもは、好奇心っていうか探索活動したいっていう芽がすごくあるので、
あと他の子たちの影響っていうのを受けるので、そうすると、ちょっと引きな
がらも、次はこうやってつくりたいって言い出してきて、だんだん主体性が出
てくるっていうか。そこまでくると、お母さんいらないんだけどなあって心の
中で思うので（笑）。他のお母さんとかが買い物行くとかって言ってたら、一緒
に行ってきたらどうですか、とかって言って。何かあったら私、医療者を呼び
ますから、とかって言ったりすると、そのうちに出ていってくれたりとかして、
しめたと思うわけですよ（笑）。

　病気をしたり入院したりすると、それだけでも同世代の子どもと関わる
機会は少なくなってしまいます。特に子どもが先天性の心疾患をもって生
まれた場合には、生まれたころから病気や治療の都合で「泣かせちゃいけ
ない」「怪我させちゃいけない」と言われ続けた親は、どうしても子ども
を「囲っちゃう」ことがあるといいます。自分のせいで、などと罪悪感を
感じている場合には、なおさらお母さんは子どもを守らなきゃという気持
ちが強くなるのですが、このように、子どもの死を身近に感じた親が過保
護・過干渉になってしまう現象は、半世紀以上前から the vulnerable
child syndrome［直訳で、虚弱児症候群や脆弱児症候群という］として問題視され
てきたくらい、普遍的な問題です。
　子どもを守ることと子どもの健やかな育ちに必要な経験を保障すること
のバランスをとることは、とても難しい問題です。しかし、特に幼児期の
子どもにとっては、自分で世界を探索して、試して、実験して、難しいこ

とやちょっと危ないことに挑戦して、失敗や成功を経験するという活動は、認知的にも非認知的にも、とても重要です。一般の保育所や幼稚園、公園などで自由に遊ばせることに抵抗がある場合、病棟保育士に見守られる病棟のプレイルームは、母親にとっても子どもに新しいことを挑戦させるよい機会と考えられます。子どもの安全を第一に守りながらも、このような経験を通じて、少しでも、子どもが子どもの世界で遊ぶ経験を守ってあげることの意味は大きいでしょう。

「病気じゃないところ」をみる

　さて、多くの病棟保育士が共通して語るのが「病気の子の、病気じゃない部分をみてあげたい」ということです。皆さん口をそろえて、子どもたちがたとえ病気で入院してきていたとしても、その病気とは関係のない側面にアプローチしていきたいというのです。木村先生は、次のように話してくれました。

　(木村先生)　子どもたちはたぶん、大人が思ってるより「病気の私」とかって思ってないっていうか。いつも常々痛かったらまた違うと思うんですけど、やっぱりよく聞く言葉すぎてあまり使いたくないけど「その子らしい」みたいなのを、ほんとに小学校に毎日通っていた自分のまま過ごすことをすごく求めている。それはなんか、みんな、そう。「子どもらしく過ごす」みたいな、元気な時や何もない時は、ほんとにいつも通り遊びたがるし。まわりは「病気なんだから、治療中なんだから、そんなジャンプしないで」「危ない、危ない、ぶつけちゃ」みたいな感じになるけど、子どもたちにしたら「はて？」って。「なんで、今、全然どこも痛くないのに」っていう。

　何か方法を変えたら、その子がやりたいことってできたりするし、それは

きっとその子の育ちの支えになる。スキップする、ジャンプするみたいなのも広い目で見たら、普通に発達にも必要なことだったりするし、その子が「今やりたい」と思ったことをやるっていうのは、その子の情緒の安定にもつながることだし、方法を変えてやれるんだったら何も悪いことはないよね、とか思うんです。その子どもっぽく生きるみたいな、生きたがってる子を止める必要ないなって思うと、そんなすてきな意味での日常を守るっていうよりかは、普通の、誰もがやった子ども時代みたいなのは「大人になるんだから経験しとこうよ」みたいな気持ちで。

　少しでも工夫して、その子の思いを実現してあげられるかどうかが病棟保育士の「腕の見せどころ」と話す木村先生。その思いは、あらゆる引き出しを用意して、子どもにあそびを提供すると話していた西村先生とも共通しているでしょう。病気の治療が最大の目的である入院生活の中で、子どもが「子どもとして生きること」をあきらめなくてもいいように、少しでも豊かな子ども時代を生きられるように工夫をこらすことは、ゆくゆく社会に戻っていく子どもたちのためにも、残念ながら短い一生を病院の中で終えてしまう子どもたちのためにも、何より重要だと思います。

いろんな感情の経験を肯定し、後押しする

　病気や障害をもつ子どもであっても、あくまで普通の子どもとして接するという病棟保育士は、感情についても、正負さまざまな感情を経験してもらいたいといいます。病院の中では、痛いことや不安なことが多いために、子どもはどうしてもネガティブな感情をたくさん経験することになります。ある意味ではその反動で、病棟保育には楽しさ、うれしさなどポジティブな感情が求められることがよくあるようなのですが、それだけでは

いけないというのです。

西村先生　最初に行った病院では私がはじめての保育士だったんですけど、そこの看護部長さんから「医療の中では痛いこととか嫌なことしかしないの。だから、プレイルームは任せるから、もうとにかく子どもたちに楽しい時間をもたせてあげてほしいのよ」って言われて。でも、子どもの一生考えた時に、笑ってるだけで一生過ごせないよねと思って。でもこの子たちが幼稚園とか保育園に——あ、もう難しいことはあんまり考えずに——行った時とか、小学校に行った時にって、子どもとケンカするよね、その時くやしい思いをするよねって。その感情って、ここで楽しいことだけやってたらしょうがないよねって、我慢することだって必要だろうしって。だからプレイルームきたら常に楽しいじゃなくて、くやしいとか、泣いたりとか、怒ってほしいって思ってて。

　子どもが育っていく上であらゆる感情が大切だという思いは、プレイルーム以外の日常の保育にも通底しています。鈴木先生も、次のように話します。

鈴木先生　「泣かない」とかは特に言わないし、その感情のままにというか。お母さんに会いたくて悲しいよねって、会いたいよねって、まず思う存分泣いてって。3〜4歳の子って、そんな泣かないのがお姉ちゃんみたいに思ってることもあって。大人もね、処置のあととか、泣かないでがんばったねとかけっこう言っちゃったりとかもするけど。「嫌な時はね、泣いてもいいんだよ」とか、「さびしい時はね、涙出ちゃうよね」「ママが一番好きだもんね、鈴木さんもママ大好きだよ」って気持ちに寄り添ってあげたいし、ネガティブな感情も別にいいんだよ。泣いてもいいんだよとかいうのは、私はけっこう口に出してる。

　どの感情も否定せず、その感情を経験することを肯定し、寄り添う。このような細やかな関わりが子どもの情動の発達にはとても重要だといわれています（Gottman et al., 1996）。

　鈴木先生は、続けて、こんなことも話してくれました。

鈴木先生　本当にずっと泣き続けてて。ちょっと泣きすぎだよって私も思う時ある。ある程度のところで、もうそろそろ大丈夫でしょうってね。この子ちょっと自分でスイッチ変えられないなって判断した時に、気分を変えられるようにあえて何か違う話題で話しかけたり、場所を変えてあそびに誘ったりしていくといいっていう場合もある。

　自分で自分の感情をコントロールするのはなかなか難しいもので、さまざまな能力が未発達の子どもは特に、大人の手助けを借りて、気持ちを切り替える必要があることもあります（Meyer et al., 2014）。このような場合も、病棟保育士は子どものペースに合わせ、寄り添いながら、柔軟に判断をしていきます。

育っていくからこそ、ダメなことにはダメと言う

　しかし、一般の保育園の保育士同様、病棟の保育士も、子どもに対していつでもなんでもいいよいいよと言うわけではありません。

奥山先生　あたし悪いけど、入院治療続けてる子どもがかわいそうとかっていう思いから、ダメって言わないっていうのはなくって。この子たち、病院の中で一生終わる子たちじゃないから。病院の中の常識が、退院したあとの世間

の非常識で、子どもの集団生活に入った時、その子がいいと思ってやったことがまかり通らなくて、その子が混乱するようなことは、病院の中でもダメって言う。約束とか決まりとかってきちんと伝えて、しないでちょうだいって言う。子どもたちは育っていくよねって。ここで囲って、ここん中の生活だけ続くならいいけど、この子たちには、おうちがあって、家族がいて。入院は、社会生活をこれから送っていく中の一時でしかないんだから、やっぱり子どもが混乱することはしたくないし。子どもが困るから、ここから先でも生活していけるように、最低限のルールを変えたくはないかなって思う。

　子どもが病気で入院すると、病気になって、つらい治療を受けなければいけないのがかわいそうとの思いから、できるだけ「いいよ」と言ってあげたい、なんでも許してあげたいという話を聞きます。しかし奥山先生は、「**いろんな感情の経験を肯定し、後押しする**」（62頁）で西村先生も言っていたように、育っていくからこそ、病院を退院して社会に出ていくからこそ、子どもにとっては厳しく感じたとしても、伝えなければならないことがあるといいます。きちんとルールを提示すること、すなわち、子どもに対してただ受容的、応答的であるだけでなく、丁寧なコミュニケーションを通して子どもが育つ上で重要なルールを伝え、それを守ることを要求することは、子どもがその後、健やかに育ち、適応的な社会生活を送るためにも重要だといわれています（Darling, 1999）。保育所保育指針でも「『未来』を見据えて、長期的視野を持って、生涯にわたる生きる力の基礎を培うことを目標として保育すること」の重要性が述べられていますが（厚生労働省, 2018）、先生方の実践は、まさにここで記載されているような保育実践ではないでしょうか。

最期の時間も、その子らしくあるために

　医療の進歩により、退院して社会に戻れる子どもも増えてきている一方
で、残念ながら、病院で余命を迎えてしまう子どもたちもいます。一般的
な保育では、子どもが大きくなることを前提として、必要な能力を身につ
けられるように、健やかに育つことができるようにと、保育士は子どもと
関わるかと思いますが、たとえ余命が宣告されてしまった場合でも、保育
をやめるということにはなりません。とはいえ、死がみえている時に求め
られる保育は何か、多くの病棟保育士が一度は悩むことかと思います。

　木村先生は、終末期の子どもの保育について、次のように話してくれま
した。

　木村先生　「私どんどん悪くなってってるな」とか「ああ、なんか今日、手動
かない」とか、「昨日やれてたあそびができない」とかっていうのも、その子自
身がすごい実感してると思うんです。でも「ちょっとモノは違うんだけど、私
たち、いつものこの時間楽しいよね」みたいな、「いつも通り遊んでるよね、私
たち」っていう時間を。特にターミナルの子とかは、その子自身も「今、自分
がどんな状態かな」みたいのは察したりはしてるから、その中で「大丈夫？
大丈夫？　つらいよね」だけじゃない、ほんとに6年生なら6年生なりの、は
しゃいで「何言ってんの」みたいな、入院当初に私と一緒にやってたような関
わりがそのままその子と一緒にいる時間だけはできて、「今日1日楽しく遊ん
だ時間あったよね」ってその子が思える時間があったら、その日1日よかったっ
て思えたりするかなっていうのは考えながら関わってたりもしますね。病棟に
ずっといる人で病気の話じゃない話をする人もいたほうがいいよなとも思うし、
それで話したいことがあったら話してくる子たち、関係ができてたら「実はさ」

とか言ってくることもあるし。

　刻一刻と病状が変化し、身体的な機能も徐々に失われていく中で「その子が変わらず楽しいこととか、うれしいこととか、はじめてのこととかをいつも通りやるために、その子たちが変わらないようにするために、私が動く」ことを意識していると木村先生は教えてくれました。本書後半で「自分がおびえちゃいけない」とも語っている木村先生。子どもの要求に応えながら、ターミナルだからこそ、普段の、普通の関わりを心がけたり、とにかくドンと構えて安心感を感じてもらえる存在であろうとしたりする様子がうかがえます。

　最期の時間の過ごし方は、本当にさまざまです。意識が朦朧としていることもあれば、しっかりコミュニケーションがとれる状態が長く続く子どもも多くいます。また、家族の意向で、これ以上積極的な治療ができない・治療を行わないことを知っている子どももいれば、知らされていない子どももいます。このような状況で、子どもたちは、痛みはもちろん、心身の変化に動揺したり、死の恐怖を感じたりするのです（Theunissen et al., 2007）。こういう時こそ、信頼できる他者とのあたたかな交流を通して得られる安心の感覚が、重要なのではないでしょうか。入院開始当初から信頼関係を築いてきた保育士だからこそ、子どもが「私は大丈夫かもしれない」と思い、少しでもその不安や恐怖のある状況を受容し、心穏やかに過ごせるように支えることができるのだと思います。

コラム

集団保育ってしたほうがいいの？

　一般の保育所では、何らかの形で集団保育を行うことが多いかと思います。しかし、感染症が多く集団で集まることができない場合を除いても、入退院が多かったり、個別対応を求められたりすることが多い病棟においては、集団保育をわざわざするべきなのか、と疑問をもたれることもあります。

　鈴木先生は、長期入院の子どもが多い病棟に配置されていた際に（コロナ禍前）、集団で自由保育をする時間を設けていたそうです。特に乳幼児が多い場合には、「他者との関わりやあそびを通して、成長発達に必要な経験ができる」ことを目指していたとのこと。

鈴木先生　みんなで遊ぶ場ってところで、私は集団保育の場を設定してました。それぞれがやりたいことをやる。お友だちとおままごとがしたければおままごとするし、1人でじっくりパズルしたい子はパズルするし、けん引してるような子は自分では動けないけど、歩ける子が食材持っていってあげて、そこでままごとをするとか。遊ばなくても、みんなが遊んでるのを見てるだけでもいいって子もいるし、遊べなくてもプラレールの電車がぐるぐる走ってるのを見るだけでも楽しかったって思う子もいる。その子に合ったものを意図的に近くに置いてみたり、ちょっと人数多いからあまり動き回らないでほしいなって時はじっと集中できそうなのを置いてみたり、完全に自由ってわけでもなかったですけど。

　子どもがたくさんいる場をあえてつくることで、そこで自然に発生するモノの共有や貸し借り、順番を待つということを経験したり、いざこざを通して気持ちのコントロールについて学んだり、他の子どもを見る

だけでも、模倣したり、言葉の獲得をしたりと、学べることがあると話す鈴木先生。さらに、「いろんな疾患や障害があること、さまざまな人がいることを知る」機会にしてもらいたいといいます。

　児童期・思春期の子どもの病棟でも、子ども同士の関係性づくりや気分転換を主な目的として、集団での関わりを大切にしていたそうです。もう大人がいなくても、子どもだけでも十分に楽しく過ごせる年齢ではありますが、最初のとっかかりの部分が難しいと振り返ります。

鈴木先生　同じような疾患とか同じような年代の子たちが一緒に遊べるようなゲームをする環境とかをつくって声かけてって、それこそ環境づくり、本当、間接的な感じで関わることが多かったかな。何かしてあげなくっちゃとか思うことがあると思うんですけど、それこそ、別に私が一緒に遊ばなくても子ども同士の環境をつくれば、子ども同士で話したりできる年齢なので。でもちょっと集団の中に入りづらそうにしてる子がいたらベッドサイドから、「あそこでなんか始まりそうだから一緒に行ってみる？」ってプレイルームに連れ出したり、そういうタイミング見ながらウェルカムに受け入れるような子たちに「もう1人、同じような年齢の子がいるんだけど入れてくれる？」って声かけて、ちょっときっかけづくりをしてっていうようなことは意識しながらやってたかなと思う。

　もちろん、子どもが1人で過ごすことを求めている場合は無理強いすることなく、個別保育を行ったり、病室で2〜3人の少人数で関わりをもったりしていたといいます。ただ、やはりこの年齢の子どもは、子ども同士の関係性の中でこそ感じることのできる充足感や満足感があったり、同世代との交流を通して楽しみや目標が見つかったり、同じように病気や治療とつきあいながら生活する仲間と出会いが、治療に向き合う力になったり、慢性疾患や障害を受け入れていくきっかけになることも

教えてくれました。

（鈴木先生）　お互いに「毎日、注射しなくちゃいけないんだよ」って自己注射するような、インスリンとか必要な子がいれば、喘息で「喘息日記、書かなくちゃいけないんだよな」みたいな、自分がしなくちゃいけないこととかをお互いにプレイルームで話してて「お互いにがんばってるよな」みたいな感じで、子ども同士で会話していました。何の病気で入院してんの？　みたいな感じで、もう小学生同士になっていくと。

　さらに、プレイルームがにぎわっていることのプラスアルファの効果として、他職種も子どもが遊ぶ姿を見ることができること、さらに、時には医療者たちも子どもたちとともに遊ぶきっかけができることで、他職種の子ども理解や医療者と子どもとの関係性を構築する機会にもなるということです。

　以前入院中の子どもをもつ親御さんと話した際には、毎日同じ時間に活動があることによって、生活のメリハリができてありがたいとの声を聞いたこともありました。ただし、そもそもの病棟の子どもの病気や治療の性質によっては、集団で保育を行うことが難しいことや最善ではないことも多いかと思います。鈴木先生のこのお話が、西村先生が「**子ども同士の育ち合いを保障する**」（57頁）で話してくれたことと重なることからもわかる通り、子ども同士の関わりを促す方法は、集団保育だけではありません。すべての病棟で画一的な保育のあり方を決めることはできないため、それぞれの病棟の性質にあわせて、保育の方法を模索できるといいでしょう。

＊このお話は、コロナ禍前に行っていた実践についてうかがったものです。コロナ禍で、感染対策のため集団保育やプレイルームの利用に規制がかかった病院は多く、2024年1月現在でもコロナ禍前の状態に戻っていない病院が多くあります。

③

環境を通して
支える

カーテンの開閉だけで、心動く環境に

鈴木先生　「そういう気持ちになりたい」って思う雰囲気、環境にするのって、すごく大事だと思うんですね。例えば、遊びたくなるような環境とか、心を休ませたくなる環境とか。寝る時とかも、けっこう日差しがギラギラの中「寝よう」って言ってる看護師さんとかいるんだけど、「やっぱり、お昼寝だから、ちょっとカーテン閉めようか」ってね。

　もちろん、看護師がカーテンを閉めることもできるかと思います。でも、子どもの治療や病気からの回復という視点で常に動いている他の職種には、なかなか気づけないこと、気づいていても手が回らないことも多いでしょう。常に子どもの心の安定や生活、育ちという視点から子どもと関わり、それを達成するねらいや意図をもって環境を構成する保育士がいる意味を感じるエピソードかと思います。子どもがわかる言葉を使って、子どものために言葉を尽くすことが保育士の大きな仕事である一方で、このようにさりげなく環境を整えることによって、自然と子どもの気持ちをそっと動かしてあげられるのも、保育士の大きな強みだと感じます。

すぐに、じっくり遊び込むための環境構成

　保育所だったら、子どもは徐々に徐々に環境に慣れていき、どこに何が置いてあるのか知っていきます。でも病院では慣れたころには退院になってしまうことも。そのため、西村先生ははじめての子どもでもすぐに遊び始められるように、プレイルームの環境構成を意識しているといいます。

　西村先生　病院って、検査とか処置とかで受け身になりやすいんで、子どもが主体的に、自由に遊べるように保障することって大事だと思うんです。いろんな箱におもちゃをしまってたら、保育士が紹介しないとどんなおもちゃがあるかわかんないから、子どもからアレがしたいって言いにくいじゃないですか。だから、入院してすぐの子どもでも、受け身になってしまった子どもでも、すぐに自分からあそびを主体的に選択できるように、おもちゃが全部見えるように置いてるんです。

　さらにプレイルームでは、乳児やうまく座位がとれない子どもが寝転がって遊んだり、あそびを観察したりすることができるマットスペースや、座って作業するための机とイスがあるスペースなど、いくつかのセクションが設けられています。

　西村先生　本当に医療をちっちゃい時から受けている子は、もう、自分から何かをするっていう意欲すらない子もいるんですね。だから、自分で「あれを」って指さしてみようとかっていう行為から始めていかないとダメだと思っていて。興味をもったところでじっくり遊べるような感じにしてあるんです。

秋田（2009）では、あそびに没入すること、集中することは「遊び込む」と表現されていて、乳幼児期の発達を促すものとしてその重要性に注目しています。現在の診療報酬点数表によると、病棟保育についてはプレイルーム 30 平米につき保育士が 1 人配置されていると点数がつくようになっているのですが、その 30 平米をどのように使うかについては、決まりはありません。身体上の制約などがあっても可能な限り子どもがあそびに没頭できる、「遊び込める」環境づくりは、病院で暮らす子どものためにとても重要なことでしょう。

「いつもと同じ」が大切

入院している子どもは、感染症や免疫低下、治療上の制約などで、プレイルームに行きたくてもなかなか行けないことも少なくありません。でも、だからこそ、プレイルームに行くということが、一つの目標になったりします。そんな時のためにも、いつも変わらないプレイルームを保持しておくことが大切だといいます。

西村先生 絵本コーナーとしては変えないんです。で、おままごとコーナーもおままごとコーナーとしては変えない。あそこまでがんばってはいはいして行ったらおままごとができるとか、予想が立てられれば。ベッドサイドでも私の話でその子のイメージが湧いてきて、「でもさあ、あのテーブルは車いすで入れるよ」って言うと「ああ、あそこね」とかってわかるようにはしておきたいなとか。お母さんが「1 本点滴ついちゃったんです」って言っても、「ほら、ピンクのマットの上あるじゃないですか、あれをちょっとどかせばあそこ入れますよ」って言ってあげられるようにしておきたい。親も子どもも、病室にいながらもプレイルームのことも想像して、自分の生活をある程度つくってほしい

と思ってるんです。ころころころころ変えちゃうと落ち着きがなくなっちゃうっていうのもあるんで。

　環境の予想がつくということは、特に乳幼児期の子どもにとっては、安心感にもつながることです。病棟保育士は、直接の関わりだけでなく、環境構成を通じても、子どもの安心感を支えているといえます。

学びの機会となるように

　西村先生は、一方で、それぞれのコーナーの中身については比較的頻繁に変えると話しています。

　西村先生　　おままごとでは食べ物のラインアップを変えるんです。食べ物をなくすとかじゃなくてラインアップを変える。病棟で出会うものがすべての子どもたちに対して、いろんなものがあるよっていうのを伝えたくって。絵本に関しても、好きなもの、定番のものは置いとくんです。大好きだろうなって、『いないいないばあ』（松谷みよ子／文、瀬川康男／絵、童心社）とか『こんにちは』（わたなべしげお／作、おおともやすお／絵、福音館書店）とかは置いておいて、その他のものは、学童の子が多かったりちっちゃい子ばっかりっていう、その時にいる子に合わせて変えたりします。あとは季節的なものも感じてもらいたいので季節ものを入れておいたりとか。テーマを決めて、この前は車関係の、車が出てくるものだけを 10 冊置いておきました。

　あとは制作コーナーだったら、クレヨンとか置いてあったのを、ちょっと、絵の具ができるよみたいなメッセージ入れとこうかなみたいな。いろいろなものに出会えるように、経験できるようにって思ってます。

プレイルームの環境構成

奥のマットコーナーでは、乳児や座位のとりにくい子が全身を動かしたり、他児のあそび
を見たりして遊ぶ　その右はおままごとコーナー
手前の広いスペースでは、集団あそびやレールあそびなど、さまざまなあそびが展開する
右のおもちゃ棚は、一見して何がどこにあるかがわかるように配置　上の扉も開閉自由

お絵かきや楽器の
コーナーも常設

テーブルでは製作活動を行ったり、
車椅子乗車の子が遊んだりする

　なかなか外とつながることが難しい子どもたちにとって、最も身近なプレイルームにあるおもちゃや書籍は大切な資源です。プレイルームに直接行くことが難しい子どもも、貸し出して病室でも使うことができたらよいでしょう。これは一見すると、1週間程度の短期入院の病棟ではあまり必要のないことと感じられますが、病院内が病院の外とつながっているという感覚をもてるようにする上でも有効かもしれません。

時間的・人的環境も整える

　子どもが自分たちで生活を組み立てることができるよう、プレイルームの開室時間や保育士の滞在時間などについても、大人の都合で変えることはしないという西村先生。時間的な見通しのもてる環境づくりを行っていることがわかります。

　西村先生　子どもには生活を組み立てる権利があるので、私たちは、何時から何時までプレイルームが開いている、保育士は何時から何時までいる、だから要求があったらその間に言ってくれれば提供できるものは提供できるし、つきあうことはできるっていうのを示して。小学校以上になったら自分で生活を組み立てるのは大事なので、だから大人の都合で早くしたりはしないで。

　人的環境については、以下のようなお話がありました。

　奥山先生　食事の介助も1人のナースが1人の子どもにずっとついていられるということはなかなかない。ナースコールで他の子どものところに呼ばれたら離れるから、別のナースが来て5分介助して。で、その人もまた呼ばれて、3番目の別のナースがここに来て、また5分やって。で、また次呼ばれて、今

度は最初の人がもう一回戻って来て、また5分やってってことがあって。それで、食べないって言っても、途中で突然人がいなくなって待たされる時間もあって、トータル結局何十分食べてると思ってんのっていうことを考えて、食事ってみてあげないと。それも含めて食べたか、食べないか。人が替わらなかったら、全部食べたかもしれないじゃないっていう。だからその食べる環境ってやっぱり大事だから、そこ考えないといけないんじゃないっていう話をしたりはする。

鈴木先生　看護師さんとかは夜勤と日勤とかで、その子の平日を丸々5日とかみることはない。私、土日はいないけど、でもまあ5日間丸々みるから、「この子はいつお昼寝するんですか」とか、みんな私に聞いてきたりする。「この子お薬いつもどんなふうに飲んでますか」とかね。看護師さん同士申し送られてるけど、「昨日はスプーンで飲んでましたよ」とか、「この子寝ながら飲むと飲めますよ」とか、具体的なことは言わないから。でも、なんかそういう、ほんと昨日の今日っていう、やっぱ連続性が子どもにとっては大事だからね。子どもの気持ちになって考えると、昨日こうやって飲ませてくれたのに、なんで今日はこんなやり方なんだとか思っているかもしれないしさ。

　保育所保育指針（厚生労働省, 2018）でも「子どもにとって居心地がよく、生活の見通しがもちやすいように環境を整えたり、集中して遊び込めるように時間のゆとりをとるようにしたりする」など、保育士が「場や生活の流れを調整する」ことが重要であると記載されています。このように、子ども自身が自身の生活に見通しをもてるように保育を行うことは重要だと考えられてきましたが（児嶋・舛森・浅井, 2018）、これは、子どもが生活習慣を身につけられるようにするためという長期的な目的のみならず、日々の生活の中でも、子ども自身が納得して活動に取り組めるように

するという短期的な目的のためでもあると考えられます。子どもの生活や
育ちが必ずしも第一優先ではない病院環境の中で、子どもが見通しをもち
やすい環境になっているか、子どもが生活しやすい環境になっているか、
という視点から「場や生活の流れを調整する」ことは、何より子どもが安
心して、心地よく生活するためにとても重要でしょう。

プレイルームの壁面
には、小さな虫や花、
動物が描かれている

PICU内のカウンター
にも、子どもの目線の
高さに装飾がほどこさ
れている

コラム

病棟・病室の装飾は必要？

　一般に病院といえば、白くて、無機質で、殺風景なイメージをもつ方が多いと思います。そのような病棟で、季節やイベントに関わる装飾で壁面を飾りつけて、少しでも親しみやすく、明るい気持ちになってもらおうと考えている保育士さんもいる一方で、子どもとの時間を削ってまで本当に必要？　と考える保育士さんもいます。

　壁面装飾について、鈴木先生は次のように話してくれました。

　鈴木先生　季節を感じるっていうのももちろんあるけれども、保育士はそれで、子どもが言葉を覚える機会になると考えたり。泣いてるわが子を抱っこしてうろうろしてるお母さんが「ほら、にゃんにゃんいるね」って話すきっかけになるかなって考えたり。季節を感じるだけではない、いろんなね、育ちの要素や気分転換の要素もあるのかなって思ってる。

　ただでさえマンパワーが限られている病棟で、子どもと直接関わる時間を削って、壁面装飾に無闇に力を注ぐのは最善ではないでしょう。一方で、マンパワーが限られていて、すべての子どもに直接関わることが難しいからこそ、ポイントを押さえれば、環境を通じた保育を行うという意味で、壁面装飾も効果的に利用できるということがわかります。装飾を作成する際には、それによりどのような効果を期待するのか、どの程度作成する必要があるか（病棟の廊下中に行う必要があるのか、むしろ、少しずつ散りばめることによって効果が得られるのか、など）、改めて考えてみることは有効かもしれません。

　鈴木先生は、次のようなエピソードも教えてくれました。

鈴木先生　病院には、例えば、生まれてはじめてクリスマスツリー見て、その１〜２ヵ月後にはっていう子たちもたくさんいて。で、「あの時、生まれてはじめてクリスマスツリー見れて、よかったです」って、おうちの人から言われたことがあって。クリスマスツリー飾るってけっこう大変なんですよ。こちらは「あぁ、また今年もこの時期が来たな」とか思うんですけど。やっぱり、それが最初で最後のお子さんもいて、その家族にとっても、一番の思い出になったりして。唯一のクリスマスだって、おうちの人も、きっと、写真見て思い出すしっていう、人生の一瞬一瞬に関わっているんだなと思って。「また来年やろうね」って言っていても、その来年がない子たちもたくさんいるから、本当に、行事一つひとつでも、日々の一日一日、「またやろうね」って先延ばしにしたり、いつかできるだろうじゃなくって、できる時はできるうちにだし、できる約束をするとか。やっぱり一日一日を大切にしていきたいなあと思う。

　小さなことと思えることも、入院中の子どもや家族にとっては一つひとつ意味があるということが伝わってきます。子どもの入院生活全体を考えながら、マンパワーが限られる中で何を目的に、どこに注力するか。じっくり考えることが求められているでしょう。

第 **2** 章

家族を支えて、
子どもを支える

①

大人の安心は
子どもの安心

まずは「子どもの変化の見通し」を伝える

　言うまでもなく、子どもが病気の時は、その親も非常に強いストレスや不安を感じています。子どもの具合はよくなるのだろうか。いつになったら日常に戻れるのだろうか。仕事や家に残された家族のことなど含めて、心配はつきません。特にはじめての入院ともなれば、具合が悪くてぐったりしていたり、号泣したりしているわが子を見ながら、果たして病気が治って、病院に慣れる日はくるのかと思うものです。

　風邪だと思って外来を受診し、そのまま入院になってしまう場合、親は荷物を取りに一旦帰宅したり、書類を提出しに窓口に行ったりするため、病室に子どもを残していかなければなりません。取り残される子どもも後ろ髪引かれる親も一見かわいそうではあるものの、そんな時こそ子どもとの関係性をつくり、親にも安心してもらうきっかけをつくる「いいチャンス」と鈴木先生は話します。

　鈴木先生　お母さん戻ってきた時に大泣きしていると、お母さんまた不安になっちゃうから、なるべくお母さんが帰ってくる時には泣かずに、みたいな。

あれだけ別れる時は大変だったけど、看護師さんと保育士さんとも何とかやってるんだっていうのが見てもらえると、うちの子意外と大丈夫かもしれないって思えるからね。なので、お母さんが帰ってくる時間に、なるべく寝てるか泣いてないかっていう状況だと、お母さんも安心するかな。ね、ずっと泣き続けてると思っちゃうからね。

　このようにして、もしかしたら、どうにかなるかも？　と思ってもらえたらよいのですが、なかなかうまくいくことばかりではありません。

●鈴木先生　酸素つけて、点滴して、モニターつけてって、ぐるぐる巻きになったわが子が必死にお母さんに抱っこを求めてきても、いろいろコードがついてて思うようにできないし。機嫌も悪いし、具合悪いし、はじめてのところに来てるしみたいなのがもう合わさっちゃってる子どものすごい状態を見てると、うちの子ほんとに大丈夫？　明日もあさっても仕事休まなくちゃいけないかしらってお母さんは思うんだよね。お母さんも泣きたいと思う。
　だから「はじめて見る人怖いよね」って言ってね、「今観察中だよね、今インプット中だからね、あと2～3日すれば大丈夫だよね」って、子どもとお母さんに言いながら。週明けはきっと違いますよって。この間いた子も、ほんと週明けにはスタッフや環境に慣れて別人のような感じでしたよっくお伝えする。

　奥山先生も次のように語ってくれました。

●奥山先生　入院して来たてだったりすると、環境に慣れるっていうところからスタートするから、どの子も。ご家族も、もちろんそうですけどね。先の見通しももてない状況は、大人でも子どもでも不安だし。だからお母さんたちにも、子どもの入院生活の見通しがもてるように、情報を伝えないといけないな

と思うんですよね。この子の治療の見通しっていうのは、先生から聞くと思う。でも、その子がこの入院生活を送る中で、徐々に、こう慣れていくことでの行動の変化というか、気持ちの変化みたいなところが、同じ理由で入院してきたお子さんは何人か今まで見たことがある保育士だからこそ、お伝えできることっていうのがあったりはするかなって思うので。

　病気の子どもをもつ家族がさまざまな「わからなさ」を感じることで、強い不安を抱いていることはこれまでもたくさん研究されてきました。しかしながら、欧米の研究を見渡しても、案外子どもの行動や気持ちの変化や生活の見通しについて、それを軽減しようとする介入はほぼありません。では、このような保育士と保護者との関わりが特異なのかというと、実は一般の保育所保育でも、例えば慣らし保育の期間などで日常的に行われていることだと思います。奥山先生は他にも「夜、自然な眠りにつく姿、寝かせたっていう姿を見て、ご家族も安心しておうちに帰ることができる」と話しており、保育士が丁寧な言葉がけと安心して過ごす子どもの姿を通して、親に安心感と見通しを与えていることがうかがえます。保育士が当然のように行っていることが、医療現場での大切な保護者支援となる代表的な例といえるかもしれません。

不安な子どもに必要な関わりを

　病気で具合の悪い子どものお世話や、入院中のストレスフルな状況での子どもとの関わり方について、多くの親が最初は初心者です。自分もたくさん不安を感じている状況で、どのように子どもと関わるべきなのかわからなかったり、そもそもそこまで頭が回らなかったりする親だってたくさんいるでしょう。

　しかし、子どもにとってストレスのある状況下だからこそ、親のふるまいが大事な意味をもってきます。西村先生は、入院直後の親に、次のように関わると教えてくれました。

西村先生　うちの病院の場合、入院をしてきたら、まず病室に行きます。で、荷物の整理とかされたあと、看護師から病棟の案内とかされるんですけど、その後、午前中はごはんまでの時間って自由なんですよ。

　子どもたちも病棟にプレイルームがありますよって紹介されるんで、行きたいって、だいたい言うわけですよ。でも、その時のお母さんって、自分も落ち着かなくって。サインしなきゃいけない書類とかあるし、おじいちゃんやおばあちゃんから携帯電話に「大丈夫なの？」みたいなLINEとか、いろいろ来るんですよ。でも、その時間って、子どもたちも一番、落ち着かない時間で、お母さんをほとんど観察してるんですよね。

　なので、「お母さんがそこで慌てちゃうとあれなので、お母さん、午後とかに麻酔科の先生とか来る時があるから、今はとにかく遊んでもらっていいですか」って言うんですね。そうしないと、自分が生活する場所のことを、子どもたちが認知できないっていうか、そこで落ち着けないんで。あとはお母さんもプレイルームにいくことによって、先輩のお母さんたちと情報収集とかもちょっとずつできるんですよね。「もう、入院、長いんですか」なんて始まって、親同士で。「ごはんとかどうされてるんですか」とかって。子どもは不安感があっても、そこでリラックスして話しているお母さんを見れるんで、すごくいいんですよ。

　同様に、奥山先生も次のように話してくれました。

奥山先生　入院直後は、お母さんがいらっしゃるなら、私たちが子どもと遊

ぶんじゃなくって、お母さんが子どもと一緒にいられる状況をアレンジする。お母さんは、やっぱり、この書類を書けとか言われたら、これを書かないとどうなっちゃうのかっていうところがあるのよ、見通しがないから。私たちは、だいたいこれはこのぐらいの時間までに書けばいいっていうのは知ってるでしょ。だから、今、お母さん、プレイルームでお子さんと遊んでいるから、これは何時ぐらいになりますっていうことを、医療者に私は伝えるし、そのぐらいの時間までに書き上がっていれば大丈夫なんですよっていうことを家族に伝える。

　ここってどういうところだろう？　安全なのかな？　怖くないかな？と、子どもが自分自身で、自分の置かれた状況や場所のことが理解できない時、子どもは信頼できる親の表情を参照したりします。これを心理学で社会的参照といいますが、このように信頼できる人の笑顔やしかめっ面といった表情から、その状況や物の意味を理解しようとする能力は1歳になる赤ちゃんのころから身についているといわれています。はじめて入ってみたプレイルーム。おもちゃはたくさんあるけど、本当に怖くないところなのかわからない子どもは、お母さんがリラックスしていれば「お母さんがニコニコしてるってことは、安全なんだ！」と理解して、一歩を踏み出せますし、逆にお母さんの眉間にシワが寄っていると「もしかしたら怖いところなのかもしれない」と思って、なかなか遊び始めることができないわけです。
　また、これに関連して、新しい環境に入った時や予測不可能な状況にいる場合は、信頼できる特定の他者が情緒的に利用可能であるということが、子どもが探索活動を行う上でとても大切だといわれています。ここでポイントなのは、誰でもいいというわけではないということです。初対面の保育士がそこでニコニコしていても、楽しい雰囲気は感じ取ってもらえ

るかもしれませんが、子どもがお部屋を探索してみたいという気持ちは、なかなか後押しできません。あくまで、お父さんやお母さん、場合によってはおじいちゃんやおばあちゃんなど、子どもが日頃から信頼し、困った時やつらい時に支えてもらっている人であることが重要なのです。

　そして、どのようにしたら情緒的に利用可能ということになるかということですが、とある実験では、お母さんが新聞を読んでいる場合と、お母さんが子どもを見守り、子どもからの働きかけに対して応答的である場合に、子どもがお母さんから離れて部屋の中を探索する量や笑顔の量が違ったことが明らかになっています（Sorce & Emde, 1981）。お母さんが自分を気にかけてくれている、自分が声をあげればこっちを見てくれる、いざという時は飛んできてくれるだろうという予測がついてはじめて、知らない世界を探索してみようという気持ちになるということです。このような研究からも、入院直後、子どもにとって未知の（しかも、怖い可能性の高い）状況に置かれた時にこそ、子どもにとって信頼のできる大人ができるだけリラックスして、子どもからの働きかけに応答的であることが重要であることがわかるでしょう。親の落ち着いた様子を確認してはじめて、子どもはお部屋のかわいい装飾やおもちゃに目が向くようになり、その場がどういうところなのか、自分で確認していこうという気持ちになります。少なくとも、一定期間暮らしていくことになる病棟です。少しでも早く、安心して生活できることがわかることは、子どもが無闇にストレスを感じないですむためにも、とても重要なことといえるかと思います。

コラム

親御さんに精神疾患が……保育士はどう関わる？

　入院中の子どもが抱える問題は、入院の原因となった病気だけにとどまらないことも多くあります。特に、母親をはじめとする主たる養育者の精神疾患（うつ病や不安障害など）は、子どもの育ちに関わる大きな問題です。しかし、親の精神疾患は決して稀なものではなく、例えばイギリスで行われた調査では、子どもに病気がない家庭も含めた世間一般において 4 人に 1 人の母親が何かしらの精神疾患に罹患していることが報告されていますし（Abel et al., 2019）、日本でも、生涯に一度は精神疾患に罹患する確率は 22％といわれています（Ishikawa et al., 2018）。その上、妊娠中や産後に子どもの病気や障害がわかることで精神疾患罹患のリスクが高まることがわかっています（Barreto et al., 2019）。子どもの病気をきっかけとした強いストレスや不安を感じ続けることで、病名はつかなくても、精神疾患に似た様相を呈する親も多くいるかと思います。そのため、養育者の精神的問題に由来する課題は、特に病棟保育士には身近なものと考えられます。

　それでは、養育者が精神疾患に罹患していると、子どもの育ちに対してどのような影響があるのでしょうか。例えば母親などの主たる養育者がうつ病に罹患すると、子どもとのやりとりに際しても、子どもに対する応答性の低さやコミュニケーションへの興味関心の減退、ネガティブな感情表現の多さなど、抑うつ症状を反映するようなさまざまな特徴がみられることが明らかになっています（Psychogiou & Parry, 2014）。その結果、子どもの愛着形成やコミュニケーション不足による行動面や情緒面の問題が出てくること、さらには、ネグレクトや虐待、不登校、子ども本人の精神疾患罹患のリスクが高まるといわれており（Manning & Gregoire, 2008, 蔭山他, 2021）、適切な支援が求められているのです（ただ

し、養育者に精神疾患にあればただちにこのような問題が生じるわけではないことに、注意が必要です。精神疾患罹患者が適切な治療を受けていたり、周囲のサポートが十分にあったりする場合などは大きな問題がないこともあります）。

　それでは、入院中の子どもの親が精神疾患を有している場合、病棟保育士はどのように対応したらよいでしょうか。まず、その親自身が適切な医療や支援を受ける必要があります。子どもの入院期間や治療期間が比較的長くなる場合には特に、多職種連携を通じて、しかるべき専門家につなげられるとよいでしょう。また、精神疾患に罹患している親以外の家族（母親が罹患している場合、父親や祖父母など）と連携し、精神疾患に罹患している親の孤立に注意しながら、チームで子どもを支えられるとよいかと思います。

　そして、入院中の子どもと関わる上では、基本的に、子どもが親とともに家に帰る前提で保育を行うこと、すなわち、保育士が親の代わりにならないように注意する必要があると考えられます。その子の長い人生を見据えた時に、病棟保育士が一時的に子どもの安全基地になってあげることよりも、子どもが適切に親を安全基地として利用できること・利用できるようになることが重要だからです。しかし、本当に親が子どもを受け止めてあげられない場合は、それがたとえ一時的な関係であったとしても、病棟保育士が、きちんと信頼関係を形成した上で、子どもの精神的な支えとなってあげる必要があるかもしれません。数井（2005）でも、子どもが安定したアタッチメントを形成する上で、夜寝る時や病気や怪我をした時など、子どもにとって特に怖い状況や場面というポイントを押さえた上で、しっかりと子どもの世話をし、抱きしめ、安心させるということを繰り返すことが重要だと指摘されています。このように、子どもにとっては、ポイントを押さえた安心と安全の確認の積み重

ねが重要ということです。そのため、入院中、治療中という人生の中でも特につらい時に信頼する人が支えてくれたという経験は、子どものためになると考えられます。

　この時に重要なのは、病棟保育士と子どもとがきちんと関係性を構築するということです。処置や検査は待ってくれないため、なかなか関係性をつくってから支援という順番を守ることは難しいかもしれませんが、きちんと信頼関係を構築しながら支援や保育を行うことこそが、その子どもの健やかな育ちにとって重要になります。そして、このような場合だからこそ、可能な限り親を尊重する必要があるでしょう。精神疾患のある親も、子どものためによりよい育児をしたいと考えたり、「病気をもちながらの育児」に奮闘したいと考えたりするものの、さまざまな場面で孤立感を感じているという報告もあります（池谷・蔭山, 2020）。また、コミュニケーションの障害によって、うまく助けを求められない場合もあるといいます。病棟保育士がただ親の代理になってしまっては、親の立場がありません。親がさらに孤独感を感じ、育児からフェイドアウトしてしまう原因になってしまう可能性もあります。丁寧なコミュニケーションを通して親を尊重し、もし、可能だと判断できる場合には、親にも子どもとの関わり方など伝えるなどしてできる限り親を巻き込みながら、ともに子どもを支えていくことが大切です。しかし、精神疾患のある方を病棟保育士だけで抱えることはとても負担になります。上述の通り、精神科医や臨床心理士など専門家と連携することが、非常に重要です。

よりくわしくアタッチメントについて知りたい場合は、以下の書籍をご参照ください：

遠藤利彦『赤ちゃんの発達とアタッチメント──乳児保育で大切にしたいこと』ひとなる書房

数井みゆき・遠藤利彦『アタッチメント──生涯にわたる絆』ミネルヴァ書房

2

親と子どもの
関係づくりを
支える

親にも、子どもの「ヤダ」を後押しする

　保育士が子どもの支え方を親に伝える場面は、他にもあります。

　奥山先生　子どもが嫌だ、嫌だ言ってる時、お母様がいつもこんなじゃないって言うから、「いや、嫌だ、嫌だ言えるのは、とっても大事なことだよ」っていうことを、まず言って。自分の気持ちに気づけてるっていうことだから、これはすごくいいことなんだよね。皆さんにご迷惑かけてるとかっておっしゃるお母様たちはいるんで、「嫌だって言ってくれないと、逆に心配かもしれない」「嫌なのかどうなのかがわかんないぐらいに元気がないのかなっていうふうにも思えるんですよ」って伝えると、「ああ」ってなる。体が元気な時のおうちでの嫌だ、嫌だと、体も元気じゃないし、おうちじゃない場所に一人でお泊まりしなきゃいけない状況での嫌だ、嫌だは、またちょっと違うから……。まずは嫌だ、嫌だは受け止めてあげてほしいし、何が嫌なのかを先生や看護師さんに直接言ってくれるのが一番いいので、お母さんたちは、「言ってごらん」だけじゃなくて、「じゃ、言えないなら、ママが代わりに言うよ」ってお子さんに

言ってみてほしいっていうようなことを、保育士からは言うんですよね。それはなんでもはいはいって言って処置させてくれたら、どんどん治療は進むかもしれないけど、子どもはべつにお人形ではなくて、しっかり気持ちがあるわけだから。

　自分の気持ちに気づくって、とても大事なことだと思うので。その嫌だって言えるってことは、次へのステップアップにつながっていく。で、嫌だったら、どういうふうにやったら嫌じゃなくできるかとかっていうのを、今度はやっぱりナースやドクターと一緒に考えながらやっていける。だから、嫌だって言ったことで変わっていく、発信をしたら変わっていくっていうことを、子ども自身がわかったらいいかなって思うし。嫌だったら、嫌じゃない方法をこの人たちは考えてくれる人なんだっていうことまで、子どもに、その治療と一緒に伝わったらいいかなって思うし。で、その発信はありなんだっていうことを家族にも知ってほしいと思うので。

　子どもの気持ちに寄り添ってほしいということ、「嫌だ」と発信してほしいし、むしろ、それを医療者にも伝えてコミュニケーションをとってほしいということ、その発信によって状況が変わる経験を子どもにしてほしいということなど、子どもの支え方についてさまざまなことを伝えていることがわかります。奥山先生いわく、このように言われると親は「こんなことをいちいちお医者さんに伝えてもいいんだ」と反応されるそうですが、そもそも、子どものイヤイヤをこのように受け止めてくれているスタッフが一人でも病院にいるとわかると、親もとても心強いでしょう。そして親自身、慣れない病院で見通しがもてない中で、病気のわが子や医療者との関わり方についてとても貴重な情報が得られる機会かと思います。

処置後、いつもと違う子どもとの関わり方

　不快な処置などを行ったあと、いつもと違う様子の子どもを目の前にして、うろたえてしまう家族もいるでしょう。「いつもこんなに泣かないのに、何かおかしいのでしょうか」「いつもこんなにべったりくっついてこないのに、どうしたんでしょうか」と相談される保育士の話をよく耳にします。

　処置後に泣き出してしまった子の対応に困っている母親に対して、西村先生は次のようにお話しすると教えてくれました。

　🏷西村先生　処置が終わったあとに子どもが火がついたように泣いちゃって、お母さんが手に負えなくなってっていうことがあるんです。私は、それだけ子どもが心に何か発散すべきものを抱えてるだろうなって思っていて。お母さんは、処置中は大丈夫だったんですけどとかって言うから、「いや、我慢してたんじゃないんですか」って。「プレイルームだったらみんなこんなワイワイガヤガヤしてるんで、泣いてるのもみんな最初気にするかもしれないけど、ほら、もう気にしないでカードゲームとか遊んでますから大丈夫ですよ」「泣かせてあげたほうがいいんじゃないんですか」って言って。

　ただ、お母さんに処置だったからって言っちゃうと、また私のせいでこうなったんですよねってなっちゃうじゃないですか。私がこんな体に産んだからこんな痛い目に遭ってるってね。だから発散してくださいとしか私は言いようがないんですけど。だけど本当に、感覚的なものになっちゃうんですけど、たぶん8割9割はうわーって一定期間泣いたあとすっきりして遊びだすんですよ。お母さんが「逆に何だったんですかね」みたいな。

　日常生活の中で、例えばわが子が節分の鬼が怖くて泣いていたり、プールが不安で泣いていたりした場合には、おそらく親は「大丈夫だよ」と言ってその気持ちを受け止め、「怖いんだね、ドキドキしたんだね」と気持ちの名前を教えてあげて、子どもが落ち着くのを一緒に待ってあげることが多いと思います。このように、どのような感情も否定せずに受け止めてあげる関わりが、子どもの情動の発達においてとても重要なのですが、親が子どもに対してこのような対応をとることができるのは、親自身が、鬼が怖くないこと、プールも慣れれば楽しいことを知っているのも大きいでしょう。

　しかし、治療に関しては、子どもが本当に大丈夫なのか、親でもわからないことがあります。また、病院ではどうしても、親はまわりへの迷惑を考えてしまうものです。そして普段との違いに動揺して、少しでも早く泣きやんでもらいたい、普段の子どもの姿に戻ってもらいたいと思うこともあるかと思いますし、なかなかいつものように「大丈夫だよ」と言って気持ちの表出を促したり、受け止めたりすることが難しいと思います。このような場面で、親を責めることなく、むしろ、親もひっくるめて、まるっと受け止めてあげる病棟保育士の存在はとても重要だと感じます。

家族や医療を離れた場所での子どもの様子を伝える

　入院中ではなかったとしても、親と離れている時、子どもはなんて言っているだろう、誰か違う人に本音を話しているかな、と思う親は多いかと思います。例えば、つらい治療を受けている期間や病名告知が問題になるタイミングなどでは特に、親である自分には話せない本音があるのではないかと思うものかもしれません。

木村先生　「この子がこの病気について聞いてくるんだけど、知りたがっているのではないか」とか、「まだいろいろ話はしてないけど、知りたがっている気がするんだけど、医療をされていない場所ではどんな感じか」みたいな質問をされることがあります。「日常生活の中で何かいつもと違う様子とか発言とか、ありますか」「何か木村さんに言ってきたりすることってありますか」とか。

　後述する通り、病棟保育士は医療者からも、医療を離れた場での子どもの様子や思いを聞かれることが多くあるといいますが、子どもの家族からも、同様の質問があることがわかります。実際、病気をもつ子どもは、家族への気遣いから、あまり本音を話さないこともあるといわれているため（前田, 2013）、子どもが抱いている思いや不安を親に共有してもらえるという意味でも、病棟保育士の存在が大きいことがうかがえます。しかしながら、子どもから聞いたことをすべてそのまま親に話してしまっては、子どもとの信頼関係が崩れる可能性もあるため、医療者との情報共有同様、家族にどのように情報を共有するかは大事な問題でしょう。場合によっては、子どもに親と共有してもいいかどうか、事前に確認しておくことも有効だと思います。子ども、親それぞれの思いを尊重しながら、親子それぞれとの丁寧なコミュニケーションが求められています。

子どもの育ちを知るプロとして

　子どもの病気や障害、治療上の制約により、普段なかなか家から出ることが難しい親子も少なくありません。そのような家庭の場合は特に、おうちで一人がんばって育てる母親は「うちの子ども、発達遅れてないかな？」と心配になってくるものです。このような状態で入院された親御さんには、病棟保育士は発達の見通しを伝えることがあるといいます。

　奥山先生　「今これができるっていうことは、ちょっと前にこういうふうにしてたんじゃない？」ってお話をすると、「あ、そういえばしてた！」って。だからそれの積み重ねが今ここにあって、このあそびをもっとふくらませていくと、次はこういうところにつながっていくからねっていうお話をして。

　その後、プレイルームで、同じような理由で入院して来てる子どもを見たりすると、やっぱりまた「〇〇ちゃんは、すごくああいうふうに遊ぶんですね」「うちの子は全然」とかっていうふうに比べちゃう。「急にああいうふうにできたわけじゃなくて、今のこの時期があっての、やがてのああいうふうになるから、だから今ここを、いっぱい、いっぱい、もういいって遊ばなくなるぐらいまで、このあそびをさせてあげて、それを見てることのほうが大事なんだよ」っていう話をする。「じゃ、どうやって遊べばいいんですか」って言われたら、「こういうふう」って言って一緒に遊ぶ。

　鈴木先生　障害のある子どものお母さんは「どういうふうに遊んだらいいかわからない」とか、「どんなおもちゃがいいかわからない」っておっしゃってたりするので、「入院中こんなこと楽しみましたよ」って共有したりとかもします。この前も、発達がゆっくりな子がいて、3 歳だったんだけれども、親だけでおもちゃ屋さんに行くと「お子さん何歳ですか」って聞かれるんですって。「でも 3 歳ですって言っても、3 歳の通常の発達じゃないし、どういう感じかをいちいち説明するのも本当、大変で」って。「こういうの知りたかったんです」って言われて。

　長期入院の場合でも、短期入院の場合でも、子どもの発達や育ちの促し方に関する質問が多いようですが、実際に子どもを見て、知ってくれている人、そして、相談したいと思い立った時に気軽に相談できる人の存在が

あることは、子育ての主体である親の支援としてとても有効といわれています（高畑, 2014）。親は、このような相談を通じて、見通しがもてる安心感から、子育てに積極的になれることもあるといいます。同様の子どもを何人もみてきた病棟保育士に、子どものあそびの中などでの様子を一緒

実際に遊ぶ姿を思い浮かべながらつくる
手づくりおもちゃ

にみてもらった上で相談できるということは、特に保育園などに預けることが難しい場合には、とても有効な保護者支援かと思います。

「普通の子ども」としての成長・かわいさを分かち合う

　子ども自身が「普通の子ども」として暮らすことを求めているのと同様、親も、たとえ子どもが医療にかかっていたとしても、子どもの「普通の子ども」としての姿を共有したいと思うものです。これは特に、子どもの入院期間が長期にわたる病棟や、子どもが重篤な疾患にかかっていたり病態が悪かったりする時ほど切実に、思うことかもしれません。

　西村先生　お子さんへの思いを語る人がすごく多くて。例えば、見た感じこんなちっちゃいんですけど、私にはとても宝物だよっていうことを伝えてくれたりとかして。そこの部分で共感してほしいというのがたぶんあると思うんですよね。

　病気の部分と健康の部分があるとしたら、健康の部分を共有したくて話してくることってけっこう多いですね。「信じらんないよね、はさみ使えるようになっちゃったよね」とかってお母さん言う時、「そうですね」とかって、「じゃ、今度、何つくってみますか」みたいな。

　ある意味では、あとに出てくる「**その子の思い出を共有できる人として**」（120頁）でもあるように、わが子のかわいさや成長を共有したいという思いの背景には、子どもの今の一瞬を一緒に覚えておいてもらいたいという気持ちもあるのかもしれません。健康であれば、外に出て、さまざまな人とも交流が可能ですが、病気や障害によってはなかなかそのような関わりがかなわないこともあります。その子の「今」を知ってもらえる貴重な人としても、病棟保育士がいる意味があるのかもしれません。

親が親になれるように

　一方で、例えば子どもが小さく生まれた場合や先天性の疾患をもって生まれた場合には、自分の子どもであったとしても、なかなかかわいいと思えない場合もあります。このような親との関わりについて、鈴木先生が次のように話してくれました。

　鈴木先生　先天的な疾患をもっているお子さんだったら、親子の関係を築くこと。顔や手足に奇形があったり、いろんな障害があったりすると、面会制限とかあって離れてる時間も長くて、わが子って感覚がなかなかもてないお母さんたちもいるので。その子をかわいいと思っておうちの人が育てられるように、一緒になってその子のよさとか、できることを見つけて、サポートしていったりすることが一つの目標です。

　さらに、西村先生からは次のようなお話もありました。

西村先生　早く生まれちゃったお子さんとかって、安定するポジショニングって決まってたりするのですけど、お母さんもどれくらい子どもを曲げていいかわかんないじゃないですか。「でも、お母さん、おなかの中に入ってましたよね、赤ちゃん」「だから、やわらかいんですよ」って言って。「だからタオルとかで安定させてあげると、落ち着くみたいですよ。まあ本人に聞いてないんでわかんないですけどね」なんて（笑）。……何かえらそうになっちゃうから、「どうですかね、けっこう、落ち着く赤ちゃんも多いですけど、でも、個性あるからどうかな」なんて言いながら。主導権はお母さんに与えてないとお母さんが育児してるっていう感覚になれなくなっちゃうところがあるじゃないですか。「自分はわかんないから保育士さん見て」ってなるお母さんもいれば、「私の子どもなのに」って思う方もいる。自分の子どもなのに、自分が一番知っている状態じゃないって感じさせちゃいけないなと思うんで。だから、抱っこする時は、「におい違ったのわかるね、ごめんね、ちょっとだけね」って話しかけるんです。お母さんとかが「え？」っていう顔をするんで、「やっぱ、大好きなお母さんの香り、わかりますからね」って言いながら、「でも、ちょっと我慢してね」って言いながら抱っこして。お母さんが「私よりなんか安定してる」って言っても「いや、違います、保育園でもそうですけど外の顔があるんです、子どもは」って言って。

　病院では、すべての子どもが自宅から病院にやってくるわけではありません。中には、早く生まれたり、小さく生まれたり、何かしらの先天性の病気や障害をもって生まれたりしたことで、産後すぐにNICU（新生児集中治療室）やGCU（回復治療室）に入り、その後一般病棟に転棟・転院し

てくる赤ちゃんも一定数いるのですが、母子分離から親子関係がスタートする場合、その後良好な関係性の構築が難しいことがあるといいます。例えば、産後すぐに子どもを保育器に入れられ、およそ1ヵ月分離期間があった母親の中には、子どもを自由に抱っこできなかったために「わが子なのに実感がない」「テレビを見ているようだ」と感じる人がいることが報告されています（飯塚, 2013）。他にも、産後の母子分離によって養育者が疎外感を経験したり、わが子の養育に関われないという感覚をもったりしていることが国内外で報告されているのです（例えば Obeidat, Bond, & Callister, 2009）。

　さらに、低出生体重児や早産児については、正規産児と比べて、母子の相互作用に違いがあることも指摘されています。私たちは、赤ちゃんをみると自然と「かわいい」と思ってしまうものですが、それは赤ちゃんの見た目（ぷっくりしたほっぺや、顔の下のほうに位置する大きな目などの幼児図式）や反応（目が合うとニコッと笑ってくれる、自分の声に反応して目を向けてくれるなどの社会的な反応）の影響が多分にあるといわれています。しかし、低出生体重児や早産の新生児・乳児では、私たちが赤ちゃんをかわいいと思ってしまうこのような特徴が最初は特に弱いために、親が自分の子どもをかわいいと感じにくく、お世話をしたいというモチベーションが弱まることがあると指摘されているのです（Glocker et al., 2012）。

　このように、NICU や GCU から卒業してきた親子を保育対象とする時、一番に気をつけるべきは健やかな親子関係の形成かと思いますが、ここでも親が親として自信をもって子どもと関われるように、親が子どもをかわいいと思えるように、支援する保育士の姿があります。このような支援が子どもの健やかな育ちに影響する可能性が高いことは、言うまでもないでしょう。

コラム

子どもがなついてくれた！……これで大丈夫？

　閉鎖的な病棟の環境において、医療行為を行わない保育士は子どもたちからとっても好かれる、という話をよく耳にします。病棟保育士とのあそびが楽しくて、おうちに帰りたくない！　という子が出てくるほど、ということもあるようです。痛いこと、怖いことが多い病棟の中で、ここまで子どもをリラックスさせ、楽しませてあげられるのは、病棟保育士のさまざまな関わりや工夫あってこそだと思いますし、そこまで楽しんでいるわが子をみてほっとする家族も多いのだと思います。

　ただ、子どもはいつか退院していく、ということには注意が必要かもしれません。退院時、病棟保育士は一緒に退院しておうちについて行ってあげることはできないので、病院から見送る立場になります。親子関係が良好で、病棟保育士との関わりを通じてストレスが発散できたり、退屈な入院生活が楽しくなったりしたために保育士が好き！　となることは、とてもよいことでしょう。しかし何かしらの理由で家族がうまく機能しておらず、つらい時、悲しい時、保育士さんが支えてくれるから好き！　となる場合には、注意が必要だと考えられるのです。その後も家族関係が継続していくということを念頭に、家族がうまく子どもを支えることができていない場合には、保育士が親の代わりに子どもを支えるよりまず先に、親自身が支えられるように支援する必要があるかもしれません。保育士と子どもとが強固な信頼関係を築くことは、治療の初期から退院に至るまで、とても大切なことです。しかし、子どもが育っていくこと、退院していくことを考えた時には、どんな時も家族を置き去りにすることのないよう、保育士が黒子となって、家族が子どもを支えられるよう支援することが、何より重要だと考えられます。

極限状態の親に寄り添う

疲れた家族を癒やす

　病気になって一番つらいのは子どもですが、その子を支える家族も、つらいものです。「どうやら子どもの体調が悪くなってきたぞ」というところから、仕事や家族の都合を調整しながら、先の見通しもない中で昼夜問わず看病しています。入院中は、寝心地の悪いベッドで一緒に寝なくてはならなかったり、売店の冷たいごはんしか食べられなかったりして、親だってしんどくなってくるでしょう。普段は他に話せる大人がいたとしても、入院中は体調不良の子どもと一対一。だんだん煮詰まってくるのも、不思議ではありません。

　奥山先生　どうもお母さんと子どもとで煮詰まり始めているから、ちょっと焦げつく前に行っとくか、みたいな。子どもとお母さんのにらめっこのような状況から、保育士が一人そこに入るだけで、その煮詰まり具合がちょっと弱まるというか。お母さんが持ってくるおもちゃじゃダメだけど、同じおもちゃを私が持っていくということだけで、ちょっと変わるとかいうことがあるんです。

　そこにずっと私たちが居続けるっていうことはあまりなくて、「じゃあ、また

ソファは付き添いベッドとして使えるようになっている

あとでうかがいます」とか言って、さっと引き上げてしまうんですけど。入院する前の具合が悪そうっていうところから、入院に至るまで体調が悪化するところも看病して、入院中も付き添っていると、お母さんもとてもお疲れになるし。さらに、子どものほうは、逆に元気になってくるところで（笑）。

　鈴木先生　点滴とかつながれたり、思うように動かなくってイライラしたりする子もいるのですけど、イライラしているお子さんとお母さんがずっと一緒にいると、個室の場合はお母さんもずっと泊まり込みなので、けっこうストレスフルになってしまって、険悪になってたり。だから、少しお母さんがリフレッシュできるように、私と遊んでる間にお母さんがちょっとお買い物行ったりとか、休憩に行かれたりとかって、離れる時間をもてるように関わったりします。

　家族にとって、付き添いの環境は、食事や睡眠など日常生活のニーズも満たされず、かなりストレスフルといわれています（例えば網野・沖本,

2018)。このような環境で、子どもを支えたい、つらい治療をしている子どものためにがんばりたいと思っていても、子どもがイライラしていたり、逆に元気になって自己主張ができるようになってきたりすれば、親の疲れも限界に達してしまうこともあるかと思います。逃げ場のない病院の中で保育士の関わりがあることによって、付き添い者と子どもの関係にポジティブな影響があるのではないでしょうか。

家族の存在やがんばりを認めて、肯定する

　先の事例で、親子で煮詰まっている際に保育士が一人入るだけで状況が好転することがあるというお話がありましたが、母親が何度言ってもやらなかったことを保育士が言うと子どもがすっとやるというようなことは、よくあることです。こういう場合について、西村先生が次のようにも話してくれました。

西村先生　絵の具の提案で子どもが動く気になった時も、お母さんとかもちょっと視野に入れていて。ずっと付き添っていてお母さんがいくら声かけても動かないわけじゃないですか。無力感っていうのをもたれるお母さんもいるので、その辺はかなり言葉を注意しています。ベッドサイドに最初に行った時も子どもに「がんばったね」っていうのと一緒に、「ずっとお母さんいてくれたもんね」「安心だったね」っていう言葉は添えていて。子ども本人に聞かれないところでも「お母さん大変でしたね」「ごはんとか大丈夫ですか」とかっていうことはつけたり。お母さんが働きかけた言葉で動かないのは、決してお母さんの力不足ではないということを伝えたくて「やっぱ5歳になるとTPOをわきまえてますからね」「他人から言われると動きますよね」って言ったり。

　子どもが、母親に言われるとつい意地になってしまう時も、保育士から言われるならやってみようという気になることも多いと思います。しかし、自分の言うことをきかなかった子どもが保育士の言うことをすぐにきいた場合、素直にありがたいと思うこともある一方で、ただでさえ疲労困憊の母親は、さらに苛立ったり、自分の無力さを感じてつらくなったりすることもあるかもしれません。子どもとともに、一緒にがんばっている親もさまざまなネガティブな思いを経験するものの（三枝他, 2012）、当然なかなかそのことを労ってもらうことはありません。病院スタッフからのやさしい声かけや体調を気遣う声かけは、子どもに付き添う親の励みになると報告されています（大澤・小林, 2002）。このような場面でそっと、すかさずがんばりや存在を認め、フォローすることで、保育士と親の関係はもちろん、親と子どもの関係性にもよい影響があると考えられるでしょう。

家族の不安に寄り添う

　子どもが手術など受ける時に怖くなったり、不安になったりすることがあるのはもちろんのこと、親も、怖いと思っておじけづいてしまうことがあるといいます。

奥山先生　本当は手術室の中まで親が入れるようになってたんだけど、小学生の子が手術の時、「私、無理です。行かれません。病室で待ってます」って言うお母さんがいて。で、パパも来なくって。このお母さんは、前の日から泣き泣きで、難しそうだねって言ったの。貧血で倒れてしまうんじゃないかぐらいの緊張感が、誰が見てもあったんで。

西村先生　子どもも不安で緊張感いっぱいの親を見てるんで、自分ががんば

んなきゃって思うんです。でも、がんばりが利かなくなっちゃうというか……
その一番肝になる時に、お母さんとかがふんばれなかった場合って、その後の
入院生活にけっこう影響がある気がしているんですよ。

　親がドンと構えて、子どもを受け止めることができるのが理想ではあり
ますが、現実はなかなかそうもいきません。できる限り、親が子どものこ
とを支えられるように親を支えるとともに、本当に難しそうと判断した場
合には、先述の精神疾患のある親御さんの場合と同様、保育士が怖がる子
どもを癒やし、確実な避難所となってあげる必要もあるかと思います。し
かし、そのような場合にも、本当は親に支えてもらいたいという子どもの
気持ちや、子どもを支えてあげたいという親の気持ちにも、配慮する必要
があるでしょう。

「家族がこんなに怖がっているからこそ、自分がおびえちゃいけない」

　治療のピークに差しかかっている時、患者である子どももその家族も、
それまでに見せたことがないようなおびえた表情をすることがあるという
木村先生。こんな時、木村先生はどう関わるのでしょう。

　木村先生　やっぱりその時期って、家族がすごく孤独になるというか、その
部屋自体がほんとに治療でいっぱいになるんですよね。移植という言葉でいっ
ぱいになるっていうか。感染も怖いから、他の人と触れ合わないようにするし、
家族も、この子がこんなにつらいから部屋から離れることもできない、ただた
だ痛いって言ってる中でコーヒーなんて飲みに行けません、みたいな感じにな
るんです。
　そういう状況で、家族も子どももあんなにつらい顔をしてるのに、おびえて

ちゃいけないなと思うというか、こちらも。お母さんのこんな表情見たことない
とか、この子のこんなつらそうな表情を見たことないとなると、（関わり方を）
間違っちゃいけないなとも思いつつも、私とその子の関係性はできてることが
多いので、「これしたから大丈夫だよ」「今こうやってあったかくしてるから、
なでなでしてあったかくなってくるから大丈夫だよ」って、何か引っかかるこ
とがあればいいなと思いながら関わって。その子も「ちょっと仲よくなったこ
の人がこう言うなら、大丈夫か」って受け入れてくれることもきっとあると思
うんですよね。「ほんとはやってもらいたいこと、違いますけどね」とか思って
ることもあるかもしれないけど、「でも、いつも遊んでるあの人が大丈夫って言
うんなら、大丈夫か」って、受け入れてくれてることもあるといいなと思いな
がら。

　やっぱり中高生とかがすごく怖くなるのかなって思いますね。「この痛み、今
まで感じたことがないけど、どうなっちゃうんだろう、僕」みたいな怖さとか、
「今までの治療でも気持ち悪くなることあったけど、比じゃないんだけど」みた

木村先生が勤務するクリーン病棟は、病棟の
入り口と同様、個室の入り口も感染症を防ぐ
ため二重扉になっている

いな感じとか、ちょっと今までと違う色の点滴のあれを見て、「怖いから見な
い」とか、私より身長高い高校生の子とかが言ってると、ほんとに怖いんだな
と思って。説明されてないとかそういうことじゃなく、自分が何をするかってい
うのもわかって受け入れてはいるけど、どうなっちゃうんだろうっていう怖
さ。

　ここには、まさに確実な避難所として、子どもも家族も丸ごと受け止
め、癒やそうとする姿があります。医療を受けていれば、医学的な説明は
十分にされている状態でも、自分の体の変化にとまどい、恐怖や不安を感
じることが多々あります。このような「俺、大丈夫なのかな」という病状
の不確かさなどを感じている時、信頼できるスタッフとの関係性によっ
て、「わからないけど、なんか大丈夫かも」と、その不確かさを受容でき
るようになることが示唆されています（Ishii & Endo, 2022）。医療ではど
うすることもできないフェーズにいる時こそ、保育士と患者・家族との間
で築いてきた信頼関係が生きてくる可能性があるでしょう。

家族の思いを、ただ傾聴する

　病棟保育士は、後述の通り、親が頭を整理できるように話を聞くことも
多いと思いますが、親の、答えのない思いを傾聴することもあります。

西村先生　寝てる赤ちゃんに「ほんとは楽になりたい？」って言うお母さんも
いたんです。違う方でも、赤ちゃんがいっぱい毎日治療とか採血とかしていて、
それで水分もあげられないわけじゃないですか、心疾患だから。「ほんとはもう
嫌だよね」って。何か、お父さんとお母さんのエゴでつけてるんじゃないかと
かっていうふうになってきちゃった時に、答えがないんでしょうけどね。もう

何も言えないです、そこの場面にいたとしてももう何も言えないです。何も言えないっていうか……背中をタッチするしかできないです。

　このように自分や家族が病気になり、答えのない問いに直面した時、病院で提供される医学的な説明だけでは十分ではなく、個々人の中で意味を見出すことによって解決されるといわれています（Madden & Sim, 2006）。後述する通り、保育士が意味づけのお手伝いができる場面もある一方で、このように、何も意見は言わず、ただただ傾聴し、思いを受け止めることも大切な家族支援の形かと思います。

支える時も、保育士の視点から

　ただただ傾聴して、思いを聞き取ることだけでなく、保育士ならではの視点から言葉がけをすることもあるという木村先生。

木村先生　お母さんたちもお部屋から出てきて、プレイルームに来て、「どうしよう」みたいに泣くこともあって。うわーっと一気に話して、うわーんって泣いて。でも、そういう大変な時期でも継続して子どもに関わってはいるので、その時の様子について「でも、あの時ちょっと私のこと見て手伸ばしてくれましたよね」みたいな話すると、「そうなんです。だから、あの時ほんとよかったと思って」みたいな。治療のことでお母さんは今怖いなと思ってるけど、治療の話をして私は安心させられるわけではないので、少し私との関わりの中での話とか、「でも、きのうはお母さんが休憩に行ってる時に、ゆっくり寝てましたよね」とか。もちろん、そういう話を聞きたくないタイプの方もいるので、その時はただただそのお母さんの話を聞くとか。

　あくまで母親のキャラクターをみながら、そのお母さんがどのような言葉に安心感を得られるのか事前に探っておいた情報をもとに、母親に寄り添い、サポートしている様子がうかがえます。「30分寝られた」というような客観的な情報で安心する方もいれば、「少し手を握ったら安心したようだった」というような気持ちに関わる話で安心感を得られる方もいるといいます。このような場面で、ここでいう気持ちの話を提供できるのも、生活に寄り添う保育士が得意とするところかもしれません。

言いにくいことに、耳を傾ける

　子どもがどんなにつらい状況であったとしても、親も人間です。休憩したり、リフレッシュしたり、他の家族との時間をとったりする必要があります。しかし、子どもが終末期に入ってしまうと特に、休憩したいと言い出すのも気が引けてしまう場面があるといいます。親が自分自身で自分を責めてしまうこともあれば、まわりから責められるように感じることもあるのです。

　西村先生　子どもがターミナルの時って、医療者からのプレッシャー、圧を感じるわけですよ。そういう中で、帰るタイミングが難しかったりするんです。お母さんは当然ずっといたいだろうって思われてるんで。いてあげたいのはそうなんだけど、ぶっちゃけると、いろいろつながれていて変化もない中、ずっといるのはしんどいですって言ってくれたお母さんがいて。「いつも何時に来ますか」って聞いて、「じゃあ、30分ぐらいたったところで私、行くんで、ちょっとお話しして、じゃあ一緒に帰りましょうって感じにしますか」って言ったら、「それがいいです」って。自分から帰りますって言ったら、冷たい親じゃないかって思われるけど、私と一緒なら目立たずに帰れるっていうか。別に誰が悪

いわけでもなんでもないけど、お母さんが思っちゃうことには口をはさめない
から、お母さんが納得する形で支援したいんです。

　木村先生からも、次のようなお話がありました。

（木村先生）　ターミナルの子の親御さんとかで、ほんとにもうあと 1 週間みた
いなことを言われたお母さんが、「こういう時って皆さんどうしてますか」みた
いな。看護師さんとかにちょっと聞けないこと、「付き添ったほうがいいんです
か、こういう時って」とか、「ごはん食べるから離れるって言ったら、どう思わ
れますか」とかを、ぽろっと。皆さん「こんなことを言ったら、看護師さんと
かお医者さんに軽蔑されるかな」「冷たい親って思われるかな」って思うんです
よね。
　「一般的には」なんて話できないけど、でも、「こういう方もいるし、こうい
うふうにされる方もいますよ」とか、「お母さんはどうされたいなと思ってま
す？」とかって言うと、「ほんとに引かないでくださいね」とか言いながら、
「一回帰りたいんです」とか。そういうの、「ああ、言えなかった、全然、今ま
で」っていうようなことを、勇気をもって私に声かけてくれたみたいな感じに
なったり。「うん、絶対引かない、絶対引かないですよ」みたいな。「この状況
で引くとかないけどね」と思うし、誰に言ったってそんなことでびっくりする
人いないんだけど、やっぱりお母さんたちはそんな時でも、ほんとに冷たい親
と思われたくないし、「こんな時に何言ってんの」って思われたくないし。

　患者のケアをする者が、きちんと自身のこともケアをするということ
は、とても大事なことです。しかし、特に患者が子どもの場合、しかも
ターミナル期となれば、親は少しでも長く子どものケアをしたいものだろ
うと実際に思う人もいるでしょうし、そう思う人がいなかったとしても、

本来そうするべきだろうと、そう思われるだろうと考えてしまう親も少なくないでしょう。このような「言いにくい本音」をくみ取り、支援につなげることで、親子双方の支えになると考えられます。

　また、ターミナル期でなかったとしても、親がこのように、少し子どもから離れたいと思うことはあるかと思います。例えば目の前で子どもが泣いていると、もう少し一緒にいてあげたらと思う場面もあると思いますが、病は一朝一夕に治るものばかりではありませんし、その子どもと親の関係性はずっと続いていくものです。病気の子どもをお世話する親のバーンアウトは、実はとても重要な問題です（Mrosková et al., 2020）。親がバーンアウトしてしまっては、かえって子どもためにならないので、長期的な視点でその親子に必要な関わりが何か考える必要があるでしょう。

　"言いにくいこと"というと、医療者から説明されたことについて「わからない」というのもその一つかと思います。「そんなこともわからないの？　自分の子どものことでしょ？」と思われると思ってしまって、なかなか人にたずねることができなくなってしまうというのです。このような時、西村先生は時には「私も日本語で話してもらいたいですよ、横文字はちょっと私もわかんないんですよ」と共感し、わからなくても大丈夫という空気を醸したり、時には困っていそうな行動から察して手を差し伸べながら、フォローをすると教えてくれました。

あたたかくとらえ直して、意味づける

　本書の前半でも、子どもを相手に、言葉を尽くし、さまざまな事象をポジティブに、あたたかくとらえ直して言語化していく保育士の姿が印象的でしたが、次のエピソードから、このような働きかけは親に対しても行っていることがうかがえます。

 西村先生　「この子のためにずっといたほうがって思うかもしれないけど、お母さんたちのリフレッシュも必要だから」って伝えて。そしたら、あるお母さんが、この前旅行に行ってきたって言って、その写真をその子に見せて「こうだったんだよ」って言ってて。1歳になったばかりのその子がまたタイミングよく笑って見てるんですよね。にこにこしながら「へー」とか見てたんで、「ほら、お母さん、こういう写真も大事かもしんないですよ」とかって言うと、「そうですね」なんて言って。

　前述の通り、答えのない問いに直面した際、それを解決するためには、個々人の中で意味を見出していく必要があるといわれています（Madden & Sim, 2006）。子どものそばを離れていいのか、可能な限りずっと一緒にいてあげるべきではないのか。医療者からどうみられるかということとは別に、悩むご家族は多いと思います。このような状況では、保育士が同じ事柄についても、あたたかく、前向きに意味を見出していくことで、残される親の気持ちが整理され、子どもとの最期の時間をあたたかく意味づけていくことができるようになるかもしれません。保育士の、相手の思いに寄り添い、言葉を尽くす力が、ここでも存分に生きていると感じます。

「ほんとうに、本音かな？」と慎重に

　ここまでお読みいただいた方には、入院中の子どもをもつ親にとって保育士というのが、子どもの治療に関する不安や医療者に対する思いを吐き出しやすい存在であることは、おわかりいただけたかと思います。ただし、問題なのは、家族の思いは医療者や治療に向けたものだけではないということです。保育士と患者家族との関わりについて、「私たち保育士が

言ったら、絶対断らないだろうな」と思うことがあると、西村先生が話してくれました。

西村先生　私たちにノーって言えないんだなっていうのを感じます。「保育士さんが言ってるんだったらやってみようかな」ってなっちゃう。例えばこの前あったのは、幼児向け教材のオンライン訪問みたいなのがあったんですけど、絶対断らないだろうなって感じるんです。こちらが提案することも情報の一つとして取捨選択して、ノーって言えたりする人もいると思うんですけど、社会の中のかなり閉ざされた病棟という空間で、すぐに退院できるわけでもない状況で、自分が提案を断ったりしたら、唯一世間話ができる人が来なくなってしまうんじゃないかとか考えてると思うんです。普段は、例えば保育園とかもそうですけど、ママ友に何か勧められたとしても、帰る場所があるから「ちょっと、うちはいいです」って言えるけど、そこが病室で、話が通じる人が限られてると、難しいですよね。

　病棟という閉ざされた社会の中で、親が、子どもの状況も理解してくれていて、貴重な世間話ができる相手とは良好な関係を保っておきたい、保育士の気分を害して関係性を悪くしてしまうリスクを冒したくないと考えている気がするという西村先生。このようなことが危惧されるのは、長期の入院を要する診療科にかかる子どもが多い病棟ならではかもしれません。西村先生は、提案してしまえばノーと言いにくいだろうと感じるからこそ、提案の形には気をつけ、できるだけ世間話の中で好みや意見の探りを入れるようにしていると話してくれました。

　長期入院の家族が多い病棟では、このようなこと以外でも、やはり人間関係の繊細なやりとりがあるといいます。そもそも、子どもが重い病気にかかってしまって、ナーバスになっているご家族です。疲れていて、落ち

込んでいて、おいしいごはんも食べられていない状態では、他の母親と保育士との関わりを少し見ただけで、「あのお母さんへの対応と自分への対応が違うんじゃない？」「自分だけ雑に扱われているかも？」と不安に思ってしまうこともあるとのこと。実際に西村先生も「西村さん、〇〇ちゃんちのお母さんと仲いいですよね」と言われることもあるため、余計な心配を与えてしまわないように、誰かと特に仲がいいわけでもなければ、誰かを優遇しているわけでもないということが伝わるように、細心の注意を払っていると教えてくれました。

病気の子どものケアをするプロとして

　ここまでみてきた病棟保育士のさまざまな働きは、ある意味では普通の保育所の仕事とあまり変わらないこともたくさんあったかと思います。しかし、病院に勤務している保育士だからこそ、必要とされる知識や技能も多々あります。

　西村先生　特に心臓の病気の子だと、泣かせられないんですよ。心臓の場合は泣いちゃうとイコール死っていうこともあるので。だからお母さん、言われてるわけです、「泣かしちゃダメです」って。病室から出ていいって言われても「風邪ひいたら呼吸器です」って言われたりもして、出ていいって言うわりには、その10倍ぐらい、外には危険なことがありますって言われてるわけです。だから、お母さんは外に出ると自分が風邪をもらっちゃうかもしれない、そうなると子どもについて抱っこしてあげられないっていうのがあるから、またこもっちゃいますよね。ものすごいこもっちゃいます、循環器のお母さんは。

　それで、循環器と血液腫瘍科で、「医療の勉強もされてるんですか」っていうのを聞かれますよね。この2つでは、親は医療者のことも選びます、うん。新

人の看護師さんはケアやめてくれって言うことがあるの。新人はやっぱり聞きながらやって、泣かせちゃったりするから。血液腫瘍科の場合はちょっと手技間違えたぐらいにしたら命懸かるっていうのわかってるから。点滴1本でも。

　だから保育士も、「医療のことはわかってるんですか」っていうふうに聞かれてきて、注意すべき点っていうのは全部わかってますっていう話はして。「だからお母さんがお風呂に行ってる間とか買い物に行く間、私が保育できますよ」って言う。あとは他の医療者にも「お母さん、たぶんそういう感じだから、例えば西村さんに預けとけば大丈夫だよっていう雰囲気を醸し出してください」って言っておく。「大丈夫大丈夫、西村に頼んどけば大丈夫だよ」って気軽に言ってくれると、あ、看護師さんとかドクターが預けていいんだって言う人なんだってことが伝わって、ようやく預けてもらえる。それくらい、お母さんたちは慎重になるんですよ。

　保育士の資格をもっていることのみが採用条件の病院も多くありますが、これは、保育士が十分な医療やケアについての知識と技能を持ち合わせていることが伝わって、はじめて、母親の信頼を得られ、保育が可能になるケースかと思います。親の信頼を得るためだけでなく、安全に保育を行うためにも、繊細なケアが求められる子の保育を行う場合に相応の知識が求められることは当然でしょう。西村先生も、長い病棟保育歴の中はもちろんのこと、病院内外の研修などでも、常に知識をアップデートするようにしていると話していました。病棟保育士、医療保育士として、医療を受ける子どもに対して質の高い保育を提供するために高い専門性が求められていることがうかがえます。

4

家族の歴史の
一部をともに
歩んだ人として

子どもの長期的な育ちを見据えた関わりを伝える

　病棟保育士自身、子どもの長期的な育ちを見据えて子どもたちと関わっていますが、このような関わり方を、親にも促すことがあるそうです。次のエピソードは、医療的ケアが必要な子どもの生活支援に関わる場面です。

　奥山先生　うんちを出すために「今から、お浣腸をするよ」とか、おしっこを出すために、オムツを換えながら「おしっこしようね」って言って導尿カテーテルを入れて、おしっこをするとかっていうような、そういう言葉がけは「わーん」って泣いていたとしても必要だよっていうことは、お母さんにも伝えていて。

　なぜかっていったら、導尿や洗腸の手技を覚えることで、その子の活動範囲がおうちより外にも広がっていくし、ゆくゆくは自己管理能力っていうことにもなっていくから。1歳5ヵ月で、まだまだ先って思うかもしれないけど、大人側のサポートや言葉がけは、すごく大事だよっていうことは、一応お母さんには伝えて。そしたらお母さんも「あ、そういうふうになっていくんです

ね」っていうふうにおっしゃって。

　ある日突然、幼稚園に行くことになったからという理由で「これはみんなの見ている前ですることではないのよ」「だからトイレに行こう」って言われても、それまで浣腸を、オムツを敷いたお部屋でしましょってしてたら、子どもも理解できないし、その時の子どものはてな具合って、どんなにあるんだろうって思うから。もう怖くなってトイレ行けなくなっちゃった時期があったりとかっていうこともあるのでね。

　奥山先生は次のようにも話しています。「医療的ケアが必要のない子どもで、新生児のころから『オムツを換えて、さっぱりしようね』って言うのと同じように、この子にはオムツ交換ともれなくセットで導尿っていうことがついてくるなら、その時に、『じゃあ、オムツ換えよう』『おしっこ出そうね』って言いながら医療的ケアをしていったら、まあ、そういうものっていうふうに、この子にとってはなっていくのかなって思うし」「告知とかIC（インフォームド・コンセント）とかいうけど、いや、『お話』なんじゃない？　って思う、子どもにとっては」。

　先天性の疾患や障害など、生まれた時から病気や障害をもっている場合に、いつ、どのように子どもに病気やセルフケアの必要性について説明していくかは、大きな問題です。しかし、他のさまざまな能力と同様に、セルフケアに関わる能力についてもある日突然習得できるわけではありません。子どもの今後の人生を見据えて、できるだけ混乱など生じないように「今」の子どもに関わる保育士の姿勢がうかがえるかと思います。

退院後の家族をも支える

　はじめての入院の場合などは、家族は退院後の生活についても実は見通

しをもてていないことがあるものの、退院してしまうと、入院中のように
は簡単に日々の疑問をたずねることは難しくなります。奥山先生が、退院
を前にした家族に、退院後の子どもの支え方についてもお話しすることが
あると教えてくれました。

奥山先生　うちでは、手術をする子は意識がある状態で一度家族と離れる。
家族はその時、手を振るとか、「待ってるよー」みたいにエールを送るとかする
んですけど、とにかく離れた経験をしているので、退院しておうちに帰ったあ
とで、いつもよりもママにペタペタくっついたりすることがあるかもしれない
し、テレビの中で手術の場面とかを見たら、こういうふうにしたとか、その子
自身が昨日から今日にかけて経験したことの話が、断片的に言葉で出てくるか
もしれない、そうしたら、実際には「痛くて嫌だって言ってたよね」っていう
ことはあっても、それは言わないで、彼には、ママと一緒にお泊まりをして、
（麻酔の香りは選べるので）イチゴのにおいだったら、イチゴのにおいで治して、
帰って来たんだよねとかって、肯定的に言葉をかけてあげてくださいねっていう
ことは、お母さんたちに退院の時に伝えていて。

　「朝のごはんはなかったんだよねとかっていうお話をして、その彼から出てき
た言葉を受け止めてあげてくださいね」って。ペタペタするのを受け止めても
らえてれば、やがて、いつもの彼に戻るからっていうようなことを、一応伝え
て、帰すんですけどね。保育園や小学校でも、節分とか、何か怖い思いをした
時には、ママにペッタリくっついたりとかあると思うけど、そういう自然なこ
とだから、そういうことがあるかもよって。怖い思いをしたら、やっぱりくっ
ついたら、抱っこしてもらえたらっていうのがあるから。

　退院後予想される子どもの様子やその時の子どもの支え方、声かけの仕
方について、親に話すという奥山先生。まず、治療中のことを思い出すな

どして親にくっついてくる時に、そこでしっかり受け止めてもらいたいと話していますが、このように、入院中の体験を思い出して不安になった子どもが、親にしっかりくっついてエネルギーを補充することは、その場の子どものストレスの解消のためにも、その後の健やかな育ちのためにも、とても有効です。

　さらに、奥山先生は、子どもが病院で経験したことをあくまで肯定的に受け止め、話すよう促しています。退院後、家庭の中でこのような関わりが保障されることによって、子どもが入院や治療について前向きにとらえたり、自信につながったりすると考えられるでしょう。

その子の思い出を共有できる人として

　病院を出ることができない親子にとっては、病棟保育士が、その子が確かにこの世に存在した一人の人間として覚えていてくれる貴重な存在ということがあります。

[西村先生]　毎日プレイルームに来てくれてた赤ちゃんのお母さんなんですけど、ある日「ようやく手術になるんです」って言った顔がすごい曇っていて。曇っていたなっていうのがすごい印象的だったんですけど、たまたまその時プレイルームにお母さんとその子と私だけだったんです。その時に「西村さん、抱っこしてください」って言われて「あ、いいですよ」って言って。で、赤ちゃんが私の顔を見ると、なんていうんですか、ようやく本当のほほえみが出てくるようになった時期だったから、たまたまタイミングよく笑ってくれて。で、「あ、わかるんだね」なんてお母さんと言ってたら、トーン変わって、「実は同じ病気できょうだいを亡くしてて。だから、何をされてどうなるかも全部わかってるんです、私たちは」って。

　愛する家族と死別する人は、その家族が誰にも覚えていてもらえない、忘れられてしまうという不安があるといわれています（Harris, 2003）。このエピソードの母親も、もしかしたら、自分の子どもが生きたということを誰かと共有したいという思いがあり、西村先生に抱っこを求めたのかもしれません。

　親身になってくれた看護師や医師も、その子のがんばった姿を一番近くで見ていた人ですので、その子の存在を覚えて、共有する存在は、病棟保育士である必要はないかもしれません。しかし、その子の普段の笑顔やちょっとした好みやクセなど、日常のなにげないエピソードを共有できるのは、保育士ならではではないでしょうか。その子の笑顔やあたたかさを共有し、分かち合うことが、病棟保育士にできる貴重なグリーフケアの一つだと感じます。

第 **3** 章

治療に
伴走する

子どもの側からは
何が見えているか

常に、目の前の子どものことを知ろうとする

　入院直後、保育士が子どもについていろんな情報を収集するという話は
前にありましたが、そのような姿勢は、入院後もずっと続けていくといい
ます。

　西村先生　　私たちが医療行為と思っていることが、医療行為ではないんです、
子どもにとっては。例えば注射が嫌だって思うのは大人の考えで、注射が嫌な
子もいれば、血圧測定が嫌な子もいますし、ベッドにガシャンってされること
が最も嫌だって子もいます。あとは病衣を着せられることがもう許せないって
いうお子さんもいるんですよね。だから、医療行為してないんだから、痛いこ
としないんだから大丈夫でしょうっていう考えではないというか。

　木村先生も、クリーン病棟の子どもについて、「何がつらいか」は人に
よると話しています。

　木村先生　　つらい時期っていっても、かなり人によるんです。移植をして口

の中が痛くなってきたっていうのがつらい子と、前処置の時の例えばお口の中冷やすとかっていう、副作用を少なくするために1時間ぐらいアイス食べ続けるみたいなのがあって、それがもうつらい子と。そのつらさが人によって段階が違う感じ。点滴が強めだからつらくなっちゃう子もいるし。

　ついつい大人は、子どもに安心してもらうために、子どもが嫌がりそうなことを考えて、例えば「今日はチックンしないから大丈夫だよ」というようなことを言うことが多いかと思います。しかし、これまでに行われた研究でも、痛みを伴うことや注射が怖いと報告する子どもが多い一方で、一人になることや知らない人がいること、特定の器具が怖いと答える子なども多く、病院の中で子どもが怖いと感じることが非常に多岐に渡ることが報告されています（Salmela et al., 2009）。そのため、大人の視点で子どもの経験を決めつけず、常に目の前に子どもについて知ろうとする姿勢は、最適な支援を行う上でとても重要でしょう。

自分の気持ちに気づくお手伝い

　子どもが、自分自身の気持ちを的確に把握することが難しいことは、言うまでもないでしょう。奥山先生は、子どもの気持ちを把握するため、そして、子ども自身が自分の気持ちに気づき、理解できるようになるための関わりについて話してくれました。

奥山先生　全部が「痛い」だったりする時があって。痛いとか怖いとかっていう言葉で全部が置き換えられちゃってることとかもあるので。だから、これは「痛い」だよねって。今、その〇〇ちゃんが痛いって泣いている、これは、「ヤダ」だよねって、整理してあげる。

　ワーって泣いてる子のところに行って、それをしばらく続けてると、その子自身の中で、なんていうのかな、分けられるっていう風になってくるっていうようなことがある。ヤダなのか、痛いのか。ヤダって言うけど、先生が来てびっくりしたんだよねとかっていうようなことを言ったりする。

　奥山先生　看護師さんは、「痛い？」って聞いたりするんだけど、私は「今どんな感じ？」って聞いたり。それから、「くすぐったい？」とか「かゆい？」とか、痛いっていう言葉は入れないで聞いてみて、それでも子どもが「痛い」って言うなら、「そうなんだ、痛いんだ」って。痛いも、いろんな痛さがあるじゃん。ずっと続いてる痛さもあれば、時々痛いのか、バーンと痛くなって、ずっと同じ痛さなのかとか、いろいろあるから、その辺は4歳後半ぐらいからいくつか聞いていく。「ずっとなの？」とか、「痛いってなるの？」とか、「痛いってなって、ずっと痛いの？　それとも、痛いっていう時と、痛くない時とがあるの？」とか。

　手術に行く時に、ドキドキ感を聞く時に、「ドキドキしてる？」って聞くと「うん」って言っちゃうから、「今、どんな気持ち？」って聞いて、「ドキドキしてる」とかって言ってくれた時に、「これから漢字のテストっていう時のドキドキ感と、それからあしたは遠足っていう時のドキドキと、これから選抜リレーでバトンを受け取らなきゃっていう時のドキドキとだと、どれが近い？」とかって聞いてみたりすると、「漢字のテストのドキドキかな」っていう子どももいたり。ドキドキっていっても、その子その子の生活経験だったり、年齢だったりで違うかなって思うこともある。

　奥山先生は、本書の後半でも、子どもから医療者への発信を促す働きかけに力を入れているとの語りがありますが、このような発信の前段階として、そもそも、子ども自身や周囲の大人が子どもの気持ちを正確に理解す

る必要があります。でも、幼児期の子どもにとっては、細かい感情の違い
を正確に表出したり、特定の感情の理由を理解したりすることは難しいこ
とです（e.g. Denham et al., 2012; 浜名・針生, 2015）。そして、日常生活に比
べて、病院だと子どもの気持ちの開示はさらに難しいことがわかっていま
す。ガンと診断され治療を行っている6歳から12歳の子どもの診察時の
様子を分析した研究では、子どもによる自身の不快感情に関する明確な言
語化はとても少なく、多くの場合、子どもは態度や表情、短いフレーズな
ど、何かしらの合図を通して不快感を表していたことが報告されています
（Vatne et al., 2010）。また関連する調査では、子どもがこのような合図を
発した際に、子どもの気持ちの表出を促したり受容したりする養育者や医
療者は意外に少なく、逆に多くの養育者や医療者は子どもの不快感の表出
に気づかない、もしくは表出をやめるよう促していたとも報告されていま
す（Vatne et al., 2012）。

　これらの研究知見から、子どもの気持ちについて、親や医療者の関わり
だけではそれを特定するのは難しい可能性があると考えられるでしょう。
このような場合に、病棟保育士が子どもの気持ちを丁寧にくみ取ること
は、長期的に、子どもの感情の発達を助け、子ども自身で自身が経験する
感情の原因特定やその制御が可能になると考えられます。

子どもの気持ちの背景にある意味を探る

前のエピソードに関連して、奥山先生は次のようにも話してくれました。

奥山先生　5歳ぐらいの、何度も喘息で入退院してる女の子が「点滴、採血を
するのがヤダ」って言って、泣いて泣いて。で、「なんでやなの？」って聞いた
ら（笑）、「痛いからヤダ」って言うから、「うん、痛いとなんでやなの？」って

いうのを私のほうから、なんで、なんでって、その子の答えのたんびに聞いて
いったら、最終的に、救急外来のある 1 階で注射をした。これは採血の意味な
んだけど、その時に、一回だけって先生は言った。だから、私はそこで一回が
んばったのに、また今日チックンするって先生が言うから、一回じゃないから、
ヤダっていう言葉が出てきて。「そりゃあ、ヤダよねー」って。

　その 1 歳半の子どもの「ヤダ」って言った「ヤダ」は、自分の気持ちに気づ
くっていうところだし、幼児さんのその採血のヤダっていうのは下（に降りるの
は嫌）でっていう、ちゃんと理由があるし。別の子どもの「ヤダ」は、「聞かれ
てる内容がわからないから、ヤダ」って言っているっていう。

　相手が子どもだからといって、赤ちゃんだからといって、その子が経験
している気持ちをないがしろにしないこと。丁寧に、言葉を尽くして、子
どもの行動の背景にある気持ちを知ろうとすること。汐見他（2019）の言
葉を借りれば、「直接は目に見えないそのとき、そこでその子が感じてい
ることや葛藤など、心の中の気持ちへと温かいまなざしを向け」、子ども
の行為の「意味」を探ること。このようなことを、本当に丁寧に行ってい
ることがうかがえます。このような関わりをもつことによって、子どもの
その時の不安やストレス、不快さが軽減されるだけでなく、この治療の期
間にも子どもの心が少し成長する機会になっているのでしょう。

子どもが、医療を理解できない理由は何？

　一方で、西村先生は、本人にもわからない気持ちに寄り添っていく場面
について教えてくれました。

　西村先生　A くんがこっちで（医療を受ける時）は暴言を吐いている、だけど

こっち（プレイルーム）ではちっちゃい子の面倒みているし、すごく安定しているってなると、もしかしたら病気の理解とかっていうのができていないのかなっていうふうに思ったりするんです。看護師さんは説明しているつもりだ、何回も説明してるよって言うんですよ。でもベッドサイドに行くと、何時にクリアウォーター[果汁や脂肪分を含まない水やお茶、イオン飲料など]、何時に何とかの検査とかっていうのが書いてあるんですけど、看護師さんは小学校6年生だからって漢字を使ってるわけですよ。普段のあそびの様子から、これわかるわけないよなって思うんで、カンファレンスとかで「えっと、こういうボードゲームがあります。漢字が出てくる場合があるんですけど理解してないので、漢字で書いたら一切わかってないですよ」っていう話をした時に、みんな「はっ」ってなるんです。「でもうなずいてたよ」って言うんだけど、それはうなずきますよねって。

　子どもがわかっていないことを伝えることの難しさについては、これまで多く研究されてきました。特に認知能力が低い幼い子どもは、「はい」か「いいえ」で答える質問に対して「はい」と答えてしまう傾向があることが知られています（心理学で肯定バイアスといいます e.g., 大神田, 2010）。より年長児でも、例えば「はい」という回答のほうが大人に好まれているという考えから、また、相手の立場（権威があると感じるか、その人からの評価が気になるか）や本人の自尊感情の低さなどによっても、本当は答えがわからない場合でも「はい」と答えてしまう傾向があるといわれています。このような研究結果をふまえて、子どもの理解を確認する場合には、はい・いいえで答えられない自由質問を用いたほうがいいといわれているのですが、このエピソードでもまさに、子どものあそびや生活に寄り添うことによって、わからない中、うなずいていたAくんの行動の背景にある理由を探っている保育士の姿があります。

どんな時も目の前の「この子」をみる

　本人と関わっても、周囲の環境を見渡しても、医療者と相談しても、子どもが表出している感情や思いの原因がわからない時、最終的には推察していかなければならない部分も多々あるかと思います。その時に、保育士は、とにかく保育士の視点から子どもと関わり、目の前にいる「この子」をみてあげることが重要なのかもしれません。

　鈴木先生　赤ちゃんがぐずってる時、看護師さんはね、体ふきが嫌で泣いてるのかと思ってるけど、いつもこの子はこの時間にお昼寝するから眠いのかも、体ふき終わったら寝ると思うからって言ったら寝たりとかね。そういう生活の視点で保育士は考える。逆に看護師さんは、なんで機嫌が悪いのかっていうのは、まず病状の視点からね、どっか痛いのかなとか、熱があるのかなとかみる必要があるし。

　確かに、ここで保育的な視点がなかったとしても、大きな問題にはならないのかもしれません。ただ、大人なら自分で言えることも、子どもはわからなかったり言えなかったりすることが多いからこそ、いろんな視点から子どもと関わる人が病院の中にいるということ、そして、その子どもの生活などの視点からまず考えてあげられる人がいるということは、子どもを「病人」「患者」ではなく、「〇〇ちゃん」という視点でみる人がいるということと同義だと感じます。

　堀（2016）は、「障害児」と一くくりにしてしまうと、その子に対する働きかけが型にはまったものになってしまい、今自分の目の前にいる「この子」に即した働きかけができなくなってしまうことを指摘しています。

病院の中でも、病人ではなく一人の子どもとしてみてもらい、接しても
らっている中でこそ、子どもの子どもらしい姿や思いが表出されるように
なるのではないでしょうか。

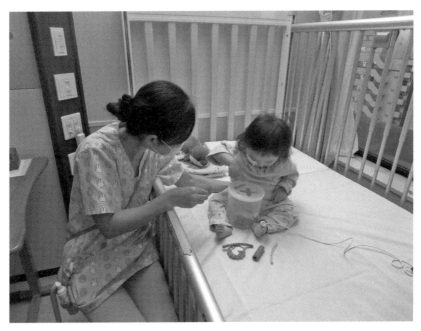

「ここ！　ここ！」

2

治療と向き合い、
受け入れ、
消化する支えに

主体的に、自発的に治療に向かう土台づくり

　病棟保育士は、どのように子どもが主体的に、自発的に治療に向かえる
ようにしているのでしょうか。ここでも「安心」という言葉が、キーにな
ります。

鈴木先生　一番は、私は、自分自身も安心できる存在だし、環境も安心でき
る環境になるようにっていうことも考えて、言葉がけとか雰囲気とかを考えて
て。で、その安心の中で、自分でがんばろうっていう気持ちになったりとか、
ちょっとやってみようっていう気持ちになれるように、子どもが持っている力
を発揮できるように。あんまり、保育士から促すとかじゃなく、そういう気持
ちになるようにっていうところですかね。
　子どもたちの持ってる力って、本当にすごい。大人が言ったりとか働きかけ
ても、なかなかうまくいかないけれども、そういう環境づくりとか、土台をつ
くってあげると、子どももフッとね、検査の時もがんばれる。やっぱり自分で
こういうふうに思った時の力が一番。「終わったら何とかしよう」って私が言う

よりも、自分でね「楽しいことがあるんだ」と思って、自分から「がんばってくる」とか言えたり。終わったあとも、あまり余韻を引きずらずに次の場面に切り替えてっていう、気持ちの切り替えとかもだんだん経験していけば、ちっちゃなお子さんでも、けっこうね、切り替えが早かったりとかするんです。

　とにかく子どもが安心できるようにすること。そうすれば、子ども自身の力が発揮され、主体的に、自発的に、治療に向き合えるというのです。これは裏を返せば、安心感を感じられていなければ、どんなに言葉だけで働きかけても、子どもが自分からがんばりたい、やってみたいと思うことは難しいことを意味しています。実際に、入院直後の子どもの支え方について親にどう伝えているかをめぐって西村先生や奥村先生が話していたように（85頁）、子どもがしっかり安心感を感じられている時に発揮される力は、計り知れません。とにかく安心感（felt security）を大事にすることで、治療でさえも主体的に向き合わせてしまう病棟保育士は、やっぱり「保育士」であり、いかなる場面でも保育を通して病気の子どもたちを支援していることを示すお話だと感じます。

治療の納得・生活の中断に対する納得

　医療の中で「納得」というと、子どもが治療に納得して取り組めるようにという話が多いかと思います。実際、子ども自身が十分に治療や病気に関する説明を受けて、納得して治療に臨めるようにすることは、子どもが受け身ではなく、主体的に治療を進めていくために非常に重要なことです。
　しかし、子どもが必要としている納得は、これだけではなさそうです。

鈴木先生　保育士は、ほんとはその子どもはパズル片づけるのが嫌、いま中

断されるのが嫌なんだと思ってるかもしれないけど、看護師さん的には、注射
が嫌だというふうにとらえて「すぐ終わるから」とか「痛くないから」とか、
「また遊べるから」とか言う。その嫌だの意味のとらえ方が医療者と、一緒に生
活してる保育士とでは違うというか。だから、たぶん注射が嫌だってわけじゃ
なく、遊ぶのをやめたくない嫌だっていうのを私たちは言語化してあげて。

　まだ遊びたい、「今」遊びたい、自分がいない間に誰かに遊ばれたくな
いなどの子どもの思いは、保育士であれば当たり前に想像できるものかも
しれませんが、案外「病院」という環境に入ってしまうと、治療が嫌なの
かな？　注射が怖いのかな？　という思いが先行して、なかなかくみ取る
ことが難しい場面があります。子どものそれまでの生活を見ている保育士
だからこそ、目の前にいる子どもの真意をくみ取り代弁してあげることが
できるでしょう。これは治療をスムーズにするためにも、子どもの治療を
がんばる気持ちを削がないためにも、とても重要かと思います。

治療と向き合い、受け入れていくお手伝い

　子どもの検査や治療は、一回で終わることもあれば、何度も行う必要の
あるものもあります。この時に、むしろ、治療後の子どものサポートこそ
しっかりしてあげたいという話が多くありました。

　鈴木先生　採血でも 20〜30 分かかる子も中にはいるし、汗だくになって、
なんかぐったりしながら戻ってくる子がいる。で、終わったあとも、終わった
からすぐ遊ぼうよじゃなく、とりあえず落ち着くまで、泣きたいだけ泣けるよ
うに抱っこしたりする。自分のペースで落ち着いて、よし、終わった、がん
ばったっていう気持ちが、本人の中でね、消化して、自分から遊びだそうとか、

よし次の行動にいこうっていうまで。

　大人は子どもが泣いてれば、なんかすぐ気分転換させなくちゃとか、なんか泣かせないようにしようって思うのかもしれないけど。泣きたい時には思う存分泣かせてあげるとか、たぶんそれが子どもの気持ちに寄り添うってことで。そうすると、この人って自分の気持ちにとことんつきあってくれるのかなと思ってもらえるかな。

西村先生　プレパレーション［治療などについて、子どもの理解に合わせた説明を行うことにより子ども自身の十分な納得を促し、心の準備をさせること］とか、説明をすることにどうしてもスポットが当たる。説明をするのも大事なのかもしれないんですけど、子どもがどうやって咀嚼するかっていう経過ってものすごく大事だと思うんですね。

　だとすれば、話をした人も重要なんですけど、その後のフォローをする人も大事だと思ってるんです。あとは子どもたちの中で病状を理解したり、受けた医療行為っていうのを自分の中で消化していくっていうのも時間がかかると思ってるんですね。なので、その後のところのフォローができるように、何らかのサインが出た時にはそばにいてあげたいと思っていて。

　「ところでさ、さっき先生に言われたんだけど、あれの意味ってさ……」って、ぽつんと言い出すこととかあるんですよね。「ああ、そういうふうに言われたんだ」って、たとえ知ってたとしても「そうなんだ、そうなんだ」って聞いて、「あ、じゃ、何？　よくわかってないってこと？」って言うと、「うん、なんかよくわかんないんだけどさ」とかっていうのがけっこう大きい子は多かったり。

　小さい子だと、普通に遊んでる時に、わーって泣き出したりして、お母さんが「どうしたのかしら」ってなるので、「思い出したんですかね」って言ったりとかっていうのがね、けっこう、ある。大きい子だとシビアな話になってきちゃったりするので、プレイルームは公共の場というか、みんながいたりする

ので、「部屋行って話したい？」って子どもに言って病室に移動したり。面と向かってなかなか言わないじゃないですか。たぶん、向こうもなにげない時に言いたいっていうのもあると思うんですよね。

　とにかく、子どもに「この人って自分の気持ちにとことんつきあってくれるのかな」と思ってもらえるよう、あくまで子どものペースを尊重したいという鈴木先生。そして西村先生は説明を受けたあとの子どもや治療後の子どもにそっと寄り添い、あえて「なにげない」雰囲気を出しながら話を聞いたり、気持ちを受け止めたりしている様子があります。

　また、奥山先生からは次のようなお話もありました。

（奥山先生）　お浣腸が嫌な子とかがいて。ある時、風船で遊んだあとに、折り紙をしたいって言うから、折り紙でお花をつくって。そしたら、茎にするために折り紙を細く切って筒状にしたものを手に取って、風船のフッて息を吹き込むところに、その茎になるための折り紙を入れて、「浣腸します」って言いながら、さかんにそれで遊び始めて。

　そういうあそびを見てるとね、家族はつらくなることもある。そこで、子どもが出す言葉って、いつも自分がかけられてる言葉が出てくるから。こっちが「嫌だー」って言ってみると、「ダメです」とか「動かない！」とかって言ったりするんで。大人としては、聞いててドキドキしちゃうし、この子が変わってしまったのかとかって思ってしまう方もいらっしゃるから、そうじゃないよねって。自分の中で、こう消化するために出て来るものだから、消化したら、収まるあそびだから大丈夫っていうふうには伝えるんだけど。

　東日本大震災のあとも震災ごっこや津波ごっこが話題になりましたが、衝撃的な体験をしたあと、その事象についてごっこあそびを始める子は一

定数いることが報告されています（もちろん、やらない子もいます）。実は、このようなごっこあそびがどの程度、子どものストレスや不安の低減に効果的なのかは、いまだに結論が出ていないようなのですが（Lillard et al., 2013; Lillard, 2017）、何かの経験をしたあとに、普段のあそびの中にそれを落とし込もうとする姿はとても自然なことです。時には親と連携しながら、検査や治療をがんばった子どものその後を丁寧にフォローしようとする保育士の思いがうかがえます。

がんばりを肯定的に受け止める

　子どもは、治療や検査を受ければ、泣いたり嫌がったりすることも多いものです。このような子どもたちに対して、鈴木先生は治療や検査のあと、あくまで前向きに、肯定的にがんばりをとらえて言語化していくといいます。

（鈴木先生）　例えば採血する前とかした後とかも、私は「泣いてもいいんだよ、痛い時は泣いてもいいんだよ」「血取る時はおてて動かさないでできたからえらかったよね」っていう、できたところを見つけてあげたい。泣いてる声でも「がんばってる声聞こえたよ」って言ってあげるとか。
　それこそ育ちっていう視点だと、一人でお母さんから離れて、ちょっとの時間いられたっていうこと自体も、その子にとっては育ち。だって、幼稚園とか保育園に行ってる２〜３歳の子の中には、おじいちゃんちにも泊まったことない子だっているのに、一人で病院にお泊まりするって、けっこうすごいことじゃない？　泣いたとしても、１日自分で過ごせたっていうことは、たぶん子どもの気持ちの、どっかの部分で育ちにつながるのかなって保育士は考える。採血もね、がんばった、乗り越えられたってちょっと、その感情のコントロー

ルどうするかっていうのも育ちに全部つながっていくって思うから。

　奥山先生も、子どものがんばりを認めてあげることについて、次のように話しています。

奥山先生　命にかかわる時は、待ったなしだからね。待ったなしでした後は、がんばってきたよねって。えらかったよねっていう言葉で子どもに伝えましょうってお母さんたちにも言う。お母さんたち、泣いたか泣かなかったかみたいなところを言うんだけど、痛かったら泣くのは当たり前なんです。泣いても、ヤダって言っても、そこで動かないで、採血に臨んでくれた、治療や処置に臨んでくれたら、それも十分がんばったっていうこと。ヤダって言いながらも動かないっていうのはすごく大事なことで、採血でがんばるのは先生なんですよ、お父さんって言ったりね。

　ここで先生方が、子どもたちのがんばりを認める上で、入院中の出来事についてあくまで前向きに、ポジティブにとらえていることが印象的です。これまでの研究でも、例えば子どもが何かを失敗してしまった場合でも、多くの保育士は失敗ということでその出来事すべてを否定的にとらえるのではなく、その行動や出来事の要素要素を切り離してとらえたり、肯定的な言葉がけを行ったり、安心させるような態度をとったりしていることが示唆されています（吉武・浦川・松瀬, 2014）。同じ出来事も、それをどのように意味づけていくのかによって、その出来事が個人の中でもつ意味は大きく変わってくる可能性があります。採血一つとっても、泣いていた、嫌がったということではなく、手を動かさなかった、がんばったというところにフォーカスして言葉がけすることによって、子どもの中で自分ががんばれたこととして認識され、次もがんばれるかも、という自信につ

ながっていくのではないでしょうか。

とはいえ、必要な優先順位は間違わない

　病院の中で保育を行っていると、どうしても医療と保育の優先順位が難しい場面が多々出てくると思います。保育をしていると、あと少し遊ばせてあげたい、あと少し没頭する時間をつくってあげたいと思うものでしょう。もちろん、ここまでみてきたように、保育士が看護師などと調整して、保育中に処置が入らないようにすることも多々あります。しかし、あくまで子どもが病気を治しに入院してきているということは、忘れてはならないのです。

（西村先生）　いくらお風呂に入るのが嫌だとかって泣いてても、折れない時は折れません。そのお風呂も「普通のお風呂に入る」んじゃないんですよ。医療のために必要なお風呂っていうのもあるんですね。循環器だと何かもう本当にお肌が紫色なので、温めるためにバブを入れて、そこでその全身温浴っていうのをやるんです。だけど嫌がって、プレイルームで遊びたいって言った時に、説明してもわかんない子もいるんですけど、でも「今は遊べないよ」っていうことは伝えようと思って。

　意外と医療者は、「時間変えればいいですか、今かわいそうですよね」って言ってくることもあって。でもそこで「今必要なんですよね？」って確認をして。すると「そうなんです、西村さん、午前と午後必要なんで……」って。「じゃ今です」「でも今楽しそうだし」「いや、今でいいです、一緒に行きますから」みたいなね。で、うわーんとかって泣くんですね、子どもって。でも「泣いてもダメなものはダメ。病気治すために大事だからね」なんて言いながらね、お風呂に行くんです。

　今回の場合は、医療者側はもう少し遊べるようにしてあげたいという思いをもっていましたが、西村先生が、病院には病気を治しにきているということ、命のため、健康のためには、そこが第一優先だと考えていることがうかがえます。

　医療を優先するというと、子どもの生活が医療に振り回されてしまうような印象をもたれるかもしれません。しかし、言葉を尽くす丁寧なコミュニケーションを重ねたり可能な場合にはあそびに集中できる時間を調整したりした上で、医療が必要な時にはそこを譲らないという姿勢をもっていることで、むしろ保育士も医療を重視しているということ、最善の治療を受けてもらいたい、元気になってもらいたいと思っていることが子どもに伝わり、子どもの病院での生活の秩序を守ることにつながるのではないでしょうか。

コラム

病棟保育士は処置室に入るべき？

　実は、病棟保育について勉強する過程で「病棟保育士は処置室に入るべきなのだろうか？」という疑問がありました。例えば、同じように病棟の中で子どもの心理的なケアを専門とするチャイルド・ライフ・スペシャリスト（Child life specialist）やホスピタル・プレイ・スペシャリスト（Hospital play specialist）は処置室に入って、いわゆるディストラクション［治療・処置・検査の際に、子どもの意識を意図的にそらしたり気を紛らわせたりすること］などを行うことが子どもとの主な関わりの一つですが、「保育」を行う病棟保育士がどうするべきかについて、なかなか答えが出せないでいました。

　この問いをぶつけると、鈴木先生は次のように話してくれました。

鈴木先生　医療者にわざわざ呼ばれることはないし、必ず入るわけでもないかな。本人との関係があんまり築けてない時に行っても、余計な大人が増えるだけで、余計怖くなっちゃったりとかするからね。例えば私と遊んでるあとに吸入を嫌がっている子がいた時、「抱っこだったらがんばれる？」って言って、「うん」って言ったら、がんばるお手伝いをする感じ。結局抱っこして押さえてはいるんですけど、看護師が吸入器をあてている間、膝上で抱っこをしながら「パワーを送ってるよ」って言ってね。

　お薬飲む時も手が出ないように抱っこする時もあるんだけど「みんながんばって、元気になるお手伝いをしてるんだよ」っていうメッセージを伝えながら。何にも言わないと「ぎゅって押さえられた」って感じちゃうけど、「逆に、採血で動いちゃうと、もっと痛くなるから、『嫌だ』だって言ってもいいけど、動かないようにお手伝いするね」っていう感じで、「一緒にがんばろうね」っていう気持ちを子どもたちに伝えてくださいって看

護師たちに伝えたり、子どもたちにもごっこあそびや日常的な会話の中で
伝えるようにしてる。

　お鼻の吸引もやっぱりすごい嫌なんだけれども、「終わったら遊ぼうね」
とか伝えたり。そういうふうに、がんばってる時に誰かそばにいてくれる
とか思うだけでも、何回かやっていると「これ終わったら遊ぶ」とか。短
期間の中でもちょっとずつ、子どものがんばる気持ちが見えたり、心の育
ちみたいなのが見える。

　他の先生も同様に、たとえ医療者に依頼されたとしても、その場面に
関わるかどうかは、あくまで子どもとの関係性次第と教えてくれまし
た。

　また、この鈴木先生のお話からも、病棟保育士がいかに子どものため
に言葉を尽くしてあげる職業かがうかがえます。同じ行為も言い方次第
で、子どもの受け止め方が異なるでしょう。処置の場面に同席するかど
うか、そこでどのようにふるまうとよいのかについて、示唆となるお話
かと思います。

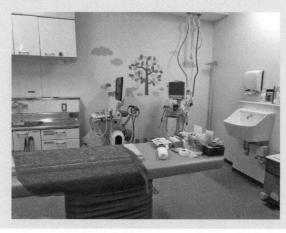

処置室

③ 子どもと医療者をつなぐ

小さな子どもも、一人の人として尊重したコミュニケーションを促す

　病棟保育士の中核的な仕事の一つに、医師や看護師と子どもや家族の架け橋になるということがあります。

鈴木先生　注射（採血）のために呼び出すのも、例えば、こういうふうにしたら行くよってもうちょっと前に教えてくださいと、看護師さんに伝える。そしたら、あと３回やったら看護師さんもうちょっとで来ると思うよとか、事前に言ってあげれるんで。私も突然来たらびっくりしちゃうし。その辺はね、いろいろ調整しておくと、もう看護師さんも事前に言ってくれるようになったりとかはするからね。

　１歳の子でも、あそびが盛り上がってる時に「行くよ」とか言われて、しかもなんか「お散歩行こう」って言われてそのまま採血するとかあるんだよね。そうすると、その後、もうほんとにただプレイルーム行くだけなのに大泣きしちゃう子とかがいて。お散歩しつつ採血なんだけど、看護師さん的にはね。お散歩したあとにチックンあるよぐらいな感じでちゃんと言っといてもらえると

ね。1 歳の子でもそうなるから、やっぱりね。0、1 歳の子でも、わかってないかもしれないけど、言われてるのと言われてないのとでは、なんとなくの子どもの雰囲気も違う。

　相手が小さな子どもであってもきちんとした説明をしてほしい、そして、子どもが活動や生活の見通しをもてるように、言葉がけしてほしい。このような言葉がけは、保育士であれば自然なことだと思うのですが、必ずしも子どもの視点から関わるわけではない医療者は、抜け落ちてしまうこともあるかもしれません。このような丁寧なコミュニケーションを行うことによって、子どもから医療者への信頼も築かれていくかと思います。後述する通り、子どもと医療者との信頼関係はとても重要なものになるので、これも、直接的にも間接的にも子どもが安心して病院の中で生活することを可能にする実践だと考えられます。

子どもの自然な姿が出る場所として

　多くの病棟保育士が共通して語るエピソードとして、保育の中やプレイルームの中で、子どもの自然な姿が出るということがありました。

西村先生　脳外科のお子さんが、急に右手を使わなくなったとかいうことがあって。そうすると、また梗塞できてるんじゃないかとかっていうふうになるわけです。だけど、それは医療者の前だから嫌がってやらないだけなのか、わからないので、ちょっとプレイルームに連れ出して。先生たちも、プレイルームに入ってきちゃうとまたやらないってわかってるので、廊下からこうやってのぞくんです。他にも、歩かなくなっちゃったとか、言葉がってなると、どんどんプレイルーム行ってってなります。

　医療者のいない状態で、子どもの自然な様子をみるために、プレイルームが使われることが多いというエピソードです。これは、子どもが医療者の前で自然な姿が出せないということでしたが、逆に、子どもが意図して医療者に本音を隠すこともあるといいます。

鈴木先生　朝、例えば看護師には「おなか痛くないよ」って言ってたけど、実は、すごくおなか痛そうにしていたとか、そういうのもあったりする。入院が長引いちゃうから、おなかが痛いとは言わないようにしてる子も中にはいたりする。日々のコミュニケーションの中で、本当は痛いけど表出してないところもあるよっていうようなことは、私から他の職種に伝えるようにしたり。もちろん子どもに、こういうことは大事だから、言わないでねって言われたことも必要なことは「伝えてもいい？」って、一応、念押しで本人に確認してから伝えてはいるんですけど。

　いずれの場合も、保育士の前で自然な姿が出やすいということがわかります。鈴木先生は、他にも「ドクターがいる時はすごい無口だけど、保育士さんと遊んでる時ってそんな話してるんですね。発語しないから、ちょっと発達の検査したほうがいいかなって思ってた」と医師に言われたことがあるとも教えてくれました。保育士と信頼関係が形成されているからこそ表出される自然な姿について、医療者に共有することによって、治療の計画などにも影響があることがわかります。

子どもと医療者の関係性づくりのお手伝い

保育士は常に子どもや家族と医療者の間で仲介しているわけではありま

せん。奥山先生は、子ども自身が直接、個々の医療者と関係性をつくれる
ようにお手伝いするといいます。

（奥山先生）　子どもたちも入院して来た時は具合も悪いし、いろいろされる
ばっかりで受け身だし。「今日の看護婦さん（部屋の担当の看護師）は誰？」って
毎日聞くけど、「え？」って（笑）。「知らない」「いっぱいいる」とか言うんで
す（笑）。そうだけど、「幼稚園の何組さん」と答えられて、「先生のお名前
は」って答えられる子どもたちだったら、名前を覚える力はあるので、その日
は「今日、おはようって来た看護婦さん、何色のお洋服着てた？」って聞いて、
「ピンク」とか「白」とかって言ってもらったらよしと思って。その後はもう行
くたんびに「看護婦さんの名前何だった？」って聞いたり、その子が思い出せ
るような人相書きを聞いていってみると、やっぱ子どもたち、最初はここ（看
護師の体・服）しか見てなくても、髪型だとか、メガネをかけてたか、かけてな
かったとかいうところを全部聞いていくと、一生懸命思い出そうとし始めるん
で。そうすると、やがてここ（看護師の顔）が見えるようになってくるんです
ね、子どもたち。そうすると、名前っていうところにも興味が出てくるし。
　もちろん看護師も一生懸命名札を見せて伝えるけど、やっぱり、漢字が読め
る子どもたちばかりではないしね。で、夜いた看護師と朝のうち話してても、
その人の名前覚えたころには、もう日勤の看護師に切り替わってるので、「あ
れ、違う」とかってなって。でもそこに気づけたからよしって思うけど。

　このように、子どもたちが医療者と個々に関係性をつくっていくことで
「子どもが直接医療者とのコミュニケーションをとれるように」、お手伝い
していくと話しています。

（奥山先生）　子どもたちに、力は備わってるんだから。保育園や幼稚園、学校

で、家族じゃない大人とのやりとりから、いろんなことを聞いて、考えて行動してってことができる年齢になってるんだから、病院でもその力発揮できるようになってほしいなって思うの。その力が、この子にも、この子にもありますよっていうのは、看護師にもドクターにも、やっぱり知ってほしいし。

だから「看護婦さんの名前何だった？」とかっていうところから。で、「お名前覚えたみたいよ」って、その看護師のところに行って、ちょっとうれしがらせてみたり（笑）。そうすると、また、子どものところに来るしね。逆に違う看護師には「あなたの名前は知らなかったみたいよ」って言うと、同僚の名前は知ってんのに、なぜ自分の名前は知らないんだっていうので、またこの子のところへ、働きかけに行ったりとかってなると、ここの人と、この人と違うけど、2人いるっていうことがこの子にはわかるし。で、やがて「お熱測っていい？」だけじゃない交流が始まると、この子自身も、ここ（顔）が見えてくるから、あの看護師さんいるかなって、探したりっていうのができるようになってくるんで。

そうなってくると、普段のその子の姿が少し、病棟の中でも、入院生活の中でも出せるようになってくるかなって思うんです。そうしたら、「はい、はい」じゃなくて、「嫌だ」が言えるようになるとか、自分はどうしたいんだっていうところを、子ども自身が医療者に向けても言えるようになるかなって。そうなってこそ、子ども自身が主体的に治療に臨むというか、入院生活を送ってるっていうふうになってるかなって思うんです。

医療者とのコミュニケーションを促すため、子どもや家族に働きかけることはもちろん、医療者のこともフォローする奥山先生。例えば子どもが描いた絵を、あえて医療者の目につくところに貼っておくことで、子どもと話す話題を探す医療者に助け舟を出すというお話もあり、あの手この手で子どもと医療者の関係性づくりを支援したいという気持ちがうかがえま

子どもが「自分の部屋はここ」とわかるように、一つひとつ異なる病室の扉

　す。患者と医療者との信頼関係は、患者が納得して前向きに治療を受けるためにとても重要です（Ommen et al., 2008）。医師に対する信頼感は、それ自体が患者の不安をやわらげ、自分はきちんとケアされているんだという感覚をもたらしてくれるといいます（Mechanic & Meyer, 2000）。また、患者が医師を信頼できている時、より治療に対して協力的な態度をとることも報告されています（Pearson & Raeke, 2000）。このような保育士のサポートを通じて、子どもが医療に主体的に向き合う土台が形成されているといえるでしょう。

「言えば、変わった！」を経験できるように

　奥山先生はさらに、どうしても医療者相手に遠慮してしまうことが多い子どもや家族に、積極的に発信することを促しています。

奥山先生　よくアデノイド［鼻の奥の突き当たり、喉との間の上咽頭にできるリンパ節のかたまり］を取った子どもたちが、ゴックンがなかなかできなくってごはん

要らないって言うけど、おなかは空いてるので食べたいってなった時に、「じゃあそれを先生に言ったら？」って。「言えない」とか言うから、「じゃあ先生のところにママと行った時に、ママに言ってもらえば」って。そしたら、「ああいいですよ、プリンなら食べたらいいんじゃないですか」とかって言われたら、自分が発信すれば、その返事が返ってくるんだって。ダメって言ってんのは、パパやママじゃないんだっていうことも、子ども自身がわかるようになるかなって思うし、入院生活の中で。

　発信したら変わっていくっていうところを感じ取れたらいいかなって思う。言ってみたら、先生がいいって言ってくれたと思うのか。私、がんばったって思うのか。いずれにしても、そういうふうにつながって、どっかで思い出してくれた時に、痛いことばっかりじゃなかったというか、幼稚園や学校と同じように、コミュニケーションとれるんだ、この白い洋服の人たちと、とかっていうふうに手応え感をもってもらえたら。

　実は、子どもでなくても、医療者に対して十分なコミュニケーションをとることは難しいもので、海外では成人患者に対する、対医療者を想定したアサーショントレーニングが行われていたりします。例えば、アメリカのFOCUSプログラムという介入の中では、医療者に対して意思や疑問を主張する方法を伝えたり、実際に患者たちが抱いている疑問が、質問するに値する妥当なものであることなどを伝えたりすることで、患者やその家族が医療者に対して納得のいくコミュニケーションができるように促しているといいます（Northouse et al., 2005）。奥山先生のように、患者と医療者とのコミュニケーションを促すことは、子どもや家族の納得感を上げる上でも、非常に重要だと考えられます。また、こうした一つひとつの働きかけの中にも子どもの育ちを見出す視点をもっているのは、保育士ならではだと感じます。

子どもと医療者のミスコミュニケーションを解消する

　しかし、医療者が一生懸命子どもに説明をしたとしても、どうしてもミスコミュニケーションは生じてしまうものです。

　奥山先生　　泣いている子がいるから、どうして泣いてんのって言ったら、「マックのポテト食べちゃダメって言われた」とかって言うんだよね。ようやく勇気を振りしぼって言ってみたら、ダメって言われて、さめざめと泣くのよ。でもその「ダメ」は、金輪際一生ダメなわけじゃなくて、これから退院をして、いつもの元気に戻ったころにはいいけどっていうことを括弧で含めての「今はダメ」なんだけど、そこを先生がおっしゃらなくて、子どもたちに伝わってなくて今泣いてしまっている。だから、ダメって言う時は見通しが立つように、ちゃんと話してっていうようなことを言ったりとかもする。子どもたちは額面通りに受け取って落ち込んでることもあれば、括弧でくくったところが伝わらずに、やらかしたってなることも結果としてあるから、そこはフォロー入れないとって。

　他にも、医師からの言葉がうまく子どもに伝わらなかった例として、医師から「ベッドから降りちゃいけない」と言われたネフローゼ症候群［タンパク質が尿中に大量に漏れ出て、体がむくむ病気］で入院中の子どもが、鉛筆を床に落としてしまった際、子どもなりに一生懸命考えた末に、隣のベッドに飛び移ってそこから取ろうとした現場を目撃したことがあると話す奥山先生。「血が自分の中で逆流しそうなぐらいに、すごくドキドキした。ほんとにヒラッと飛ぶから」とのこと。「ねえねえ、先生、どういうふうに話したの？」と、立ち話の中で医師に声をかけ、「言い方変えないと、ま

た飛ぶよ」と伝えたそうです。子どもたちが、子どもなりに一生懸命言われたことに従おうとしていても、その子の発達の具合や理解度、生活経験などによって、このような行き違いが生じてしまいます。子どもと生活をともにする保育士だからこそ、子どもと医療者の間で生じた誤解を解き、フォローすることもできるのだと思います。

医療者への説明は丁寧に、具体的に、根拠となる例をまじえて

　上記のような医療者と子どものミスコミュニケーションを解消する上で、木村先生は、できるだけ具体的に子どもの理解や気持ちについて説明すると話してくれました。

（木村先生）　この看護師さんにはあの時のエピソードをあわせて言ったほうがわかるなって考えて、「こないだ○○さんがこうしてくれた時、こうしてたじゃないですか」みたいにけっこう具体的に話します。医師にも「あの時、先生がこういうふうに言ったら、あの子こういうふうに反応したから、そのあとこういうことがあって」って具体的に言うと「確かにそうだったね」みたいになる。

　注意が必要な事柄については、そのつど丁寧に、具体的な説明を行うため、ちょっとしたことでも時間がかかってしまうと話す木村先生。また、保育士が自分一人の病棟で、自分と同じ視点を共有できる人がいない中、限られた勤務時間中に随時このように丁寧な説明をする必要があることも、時間的にも厳しい上に「孤独を感じることがある」と教えてくれました。病棟や病院内での人数がどうしても少ない病棟保育士にとって、他職種の理解が十分に得られていなかったり、関係性が希薄であったりする場合、このような丁寧な説明を行うことは負担が大きいと感じるかもしれま

せん。しかし、子どもの状態や気持ちを医療者に伝え、すでに生じているミスコミュニケーションを解消したり、今後生じうる誤解を防いだりすることは、入院中の子どものストレスや不安の低減をする上でとても重要だと考えられます。日頃から少しでも保育士が他職種と話しやすい関係性を構築しておくことが、実は一番重要かもしれません。

医療者の「ごめん」「失敗しちゃった」をフォローする

　意外と、いろんな保育士さんたちから挙がる話が「医療者が注射の際にごめんって言う」ことについてです。注射など、嫌がられる処置を行う大人の中にある「ごめんね」という気持ちは、よく理解できますが、保育士さんたちはこの発言が引っかかるといいます。

（西村先生）　「ごめんねごめんね」とかって看護師さんとかお医者さんも言いますけど、いや、悪いことしてるのかって思うんです。子どもに教えるのって、悪いことしたら謝りなさい、ですから。悪いことしてないよねと思って。あと、子どもって大人の発言をよく聞いてるので「ほらほら、ここ失敗されて」とかって言うんですよ。そうやって言ってきた子どもに対して私は「ほら見て」って。「西村さん、こんなにいっぱい血管あるけど、〇〇くんないよね。でも、どうしても大事な薬で入れなきゃいけないから、先生はいろんなところを探してやってくれたんだね」って。「でも痛かったんだね」っていう話をしますけど。大きい子にはですよ。

　鈴木先生からも、次のようなお話がありました。

（鈴木先生）　子どもがワッて泣いてたらさ、「ごめんね、ごめんね」ってみんな

言っちゃうけど、そうするとなんかね、医療者が悪者みたいな感じになっちゃうから。元気になるためにやるんだよって気持ちでは思ってるかもしれないけど、看護師さんとかのほうがけっこう「ごめんね」とか言うんです。やっぱり子どもが泣くと、かわいそうになったり、申し訳ないって思うんだと思うけど、別にごめんねじゃないじゃんって私は思うから「一緒にがんばろうね」って言ったり。医療者も子どもも、お互いに人間だから、思いや意図を伝え合うことが必要かなと。

　子どもがどの程度、お医者さん、看護師さんにごめんって言われるような悪いことをされた、失敗されたと感じているかはわかりません。案外すぐに忘れてしまっていることも多いかもしれませんし、ずっと覚えていることもあるかもしれません。でも、医療者も一生懸命子どものためを思って治療をしていること、決してただ意地悪をしているわけではないということ、子どもの病気を治すために必要なことをがんばってやっているということを、きちんと伝えてくれる人がいるというのは、子どもから医療者への信頼を築く上で、重要なことではないでしょうか。

看護師や病棟保育士をはじめ多様な専門職が出入りするスタッフステーション

カルテには、何を記録したらいいの？

　病棟保育士さんとお話しすると、電子カルテに何を記録したらいいか
わからないという言葉を聞くことがあります。2017年に行った調査で
も、2割強の病棟保育士が電子カルテへの記録権利がなかったり、あっ
ても時間がなかったりして記録を行っていないことがわかっています
（石井, 2017）。電子カルテは、医師や看護師はもちろん、リハビリ職種
や栄養士など、多職種が記録を行っていますが、病棟保育士はどのよう
に、何を、記録したらいいのでしょうか。

　鈴木先生は、病院に電子カルテが導入された際に作成した記録画面の
テンプレートを見せてくれました。テンプレートは記録を短時間で行え
るように、クリックして入力できるようにしています。忙しい他職種が
長文を読まなくても、パッと見ただけで活動内容が確認でき、鈴木先生
のくわしい記述（【反応】の自由記述）を読むかどうかをすぐに判断でき
るようなつくりになっています。さらに、自身の保育活動の連続性をあ
げるために、そして、他職種が子どもと関わる際に参考にできるよう
に、端的に情報を記録していると教えてくれました。

　このような記録をとることによって、日々の保育の連続性があがり、
その場限りではない実践が可能になるといいます。病気によっては、一
回の入院で終えられる子ばかりではありません。時には何年もかけて、
何回も入院を繰り返して治療が必要な子どももいますし、複数の疾患を
抱えていて、入院のたびに病棟が変わる子どももいます。適切な記録を
残しておくことによって、このような子どもが、入院・転棟するたびに
ゼロから保育を受けるのではなく、前の活動受けた保育を受けること
が可能になるでしょう。

電子カルテの入力画面（保育記録テンプレート）

【タイトル】
- ■あそび　□自由あそび　□感覚あそび　□ごっこあそび　□構成あそび
　　　　　　□表現あそび　□制作・絵画　□鑑賞　□ゲーム
　　　　　　[_____]
- ■生活　　□情緒の安定　□気分転換　　□関係構築　□食事・おやつ
　　　　　　□睡眠　[_____]
- ■家族　　□コミュニケーション　□発達相談・育児相談　[_____]

【保育目標】　□生活を保障する　□生活環境を整える　□情緒の安定を図る
　　　　　　□心身の発達を援助する　□遊びや学習を援助する
　　　　　　□家族を支援する

【保育のねらい・患者目標】
[_____]

【実施内容】
- ■開始時刻　[_____]
- ■保育時間　[_____]分
- ■場所　　　□病室　□プレイルーム　□デイルーム　□ベッド上　[____]
- ■保育形態　□集団　□個別
- ■参加者　　□他児　□母　□父　□スタッフ　[_____]

【医療機器】　□酸素　□SpO2 モニター　□心電図モニター　□点滴
　　　　　　□呼吸器（NHF）　□なし　□

【備品】　　□ベッド　□バギー　□トッター　□椅子　□車椅子　[____]

【玩具・教材】□乳児用玩具　□メロディ玩具　□ままごと　□病院ごっこセット
　　　　　　□ミニカー　□電車　□スロープ玩具　□ブロック　□積み木
　　　　　　□手作り玩具　□絵本　□DVD　□カードゲーム　□ボードゲーム
　　　　　　□ぬりえ　□折り紙　□制作セット　□シール
　　　　　　[_____]

【表情】　　□笑顔　□明るい　□穏やか　□啼泣　□緊張　□不穏
　　　　　　□無表情　□無反応
【体勢】　　□抱っこ　□仰臥位　□腹臥位　□座位　[_____]
【反応】
[_____]

【アセスメント・計画・評価】
[_____]

電子カルテの表示画面（例）

【タイトル】
　■あそび：ごっこあそび

【保育目標】　情緒の安定を図る ●

> 保育目標は、どんな目的で保育を行ったかわかりやすいように。

【実施内容】
　■開始時刻：10:00 ●
　■保育時間：30 分
　■場所：ベッド上
　■保育形態：個別

> 時間にかかわる情報は、何かインシデントがあったり、感染症の流行があった際に、重要。

【医療機器】　酸素　SpO2 モニター

【玩具・教材】　ままごと

【表情】　笑顔

> 初対面の子どもが多い急性病棟。どんなおもちゃを使って、どんな反応があったかだけでなく、どんなことをしたら落ち着いたか・落ち着かなかったか、どのような方法で寝るのかなど、生活面でどのような声かけや働きかけが有効だったかなどの情報が多くなる。

【反応】
清潔ケア後、ベッド上座位にて啼泣していた。
保育士が「抱っこする？」と声をかけると、両手を伸ばして身を乗り出す。
抱っこをしたり、保育士の膝上座位で過ごしたりして、しだいに落ち着く。
保育士の話しかけに応答し、手あそびうたをすると身ぶりを真似して笑顔になる。
その後、ベッド上でのあそびを促し、保育士とままごとのやりとりをする。
食べる真似をしたり、保育士とコップを打ち合わせて乾杯をしたりして、機嫌よく声を出す。
湿性咳嗽と鼻汁が多い。

> とにかくパッと見て情報が伝わるように、そして、くわしい記述を読むかどうか、判断できるように書く。
>
> 親が働いている場合は、保育士の勤務時間中に面会に来られないため、この電子カルテの記録が保育園の連絡帳のような役割を果たし、夜勤の看護師が家族に日中の生活の様子を伝える手段になることもある。

　一般病棟から転棟してくる子どもを、しかも、かなりつらい治療を行うことがわかっている状態の子どもを保育の対象としている木村先生は、特にこの引き継ぎの大切さについて語っています。

木村先生　ほんとに少しでも早めに関係をつくっていけたらというのがあるから、好きなあそびとかキャラクターとか、その子の生活のリズムとか、「こういうことがちょっと苦手かも」とか。本来だったら時間をかけて関わりながら知っていくことをちょっと早めに知っておくみたいな感じです。

　前の病棟での記録などをもとに情報収集することで、「『こんにちは』って言いにいく時に、好きなトミカを持って登場できるように」と話してくれました。

　電子カルテへの記録は、他職種への情報共有の場、保育を知ってもらう場としてもとても有効です。西村先生は、電子カルテの記録を通じて「保育を見える化」すると言い、とにかく、保育士がどの子ども・家族と、どのような目的で関わっているのか知ってもらう機会ととらえています。どういう目的をもって保育を行ったのか、数いる子どもの中で「なぜ、その6人だったか」「保育士の意図がちゃんと見えるようにしておかないと」と言うのです。機嫌がよかった、遊び込めたなど、子どもの様子を書く際には、なぜそのように判断できたのか、短い文章で可能な限り、根拠を含めながら具体的に記述すると教えてくれました。

　最後に、保育士の皆さんから、保育もカルテ（診療記録）開示の対象なので親子関係のことなど、記録の書き方は慎重にしたいということや、インシデント発生時のことも見据えて保育士の動きがわかるようにする必要があることも教えてもらいました。

医療者との連携、保育へのメリットは？

　ここまでみてくると、医療者との情報共有において、保育士から医療者に伝えることが多いという印象を受けるかもしれません。実際に、ここまでのエピソードからも、保育士から子どもや家族に関する情報を医療者に伝えることによって、子どもの生活の見通しがクリアになったり、必要十分な説明が行われたりするようになる様子がうかがえます。

　一方で木村先生は、現在のクリーン病棟に配置されて２〜３年で生じた気持ちの変化について、次のように教えてくれました。

木村先生　病棟に異動した時、「ごはんを食べさせる」「泣いてる子を抱っこする」みたいな、保育士にしてほしいことがすごくはっきりある病棟だなって思ってたんです。で、実際働き始めたら、病棟も狭いし、病床も少ないし、「あの子、授業のあとちょっと浮かない顔をしてたけど、何かあったかな」とか、「きのう先生にこうやって話されてたからだな」とか、子どもの生活とかが見えすぎて、自分がキャパオーバーしてしまったというか、いくら優先順位を決めてもはみ出るみたいな感じの時期があって。

　当時、私も、病棟の看護師のことをあんまり信じてなかったわけじゃないけど、そういうところまで入り込むような看護師が少なくて。そこまで「今あのお母さんこうで、ああで、こういう状況で」みたいなのを共有することをちょっとあきらめてたというか。なんですけど、やっぱりそれって自分一人で解決できることじゃないし、根は悪い人たちじゃないはずだから、私とその人がちゃんと向き合って話をしていったら、もしかしたら一緒にできるのかもしれないなと思って。ちょうどそのぐらいで、保育士の電子カルテへの記録が始まって。だからたぶんそれまでは、あの人何やってんだ感もすごいあったんだと思うんですよね、看護師のほうにも。

それで記録が見れるようになって「あのお母さんと保育士さんってこういうこと話してたんだな。お母さんこういう気持ちなんだな」みたいなのも少し見えてきたのもあるのかもしれないんですけど。

　で、ちょっと動き始めたら、「昨日こういうふうに関わってみたんですけど」みたいな話が看護師からも出るようになって、徐々に、私も自分で全部やらなきゃって思わずに「今日はあの看護師さんがあのお母さんと話してくれるから、私はじゃあ〇〇ちゃんのとこに行けるな」とかっていうふうに、予定を立てられるようになっていって。私は自分ができる範囲のことをして、「これは看護師さんに共有して、あとで看護師さんからお母さんに声かけてもらうでも大丈夫かもな」とか、その辺は調整するようになって、楽になってきたんです。

　なかなか最初は、看護師とうまく連携することが難しかったという木村先生。1人で15床みることが大変になってきたころ、保育士が電子カルテに記録できるようになったこともきっかけとなり、少しずつ看護師と情報共有や連携ができるようになったといいます。

　木村先生のお話からも、看護師との信頼関係を形成し、スムーズに連携することが可能になったことによって、木村先生が保育により一層集中できるようになっている様子がうかがえます。これは、看護師とうまく連携するということが、その日のスケジュールの確認・調整ができることや、子どもの治療の状況を聞けるだけでなく、保育のゆとりにつながることもあることを示すエピソードではないでしょうか。保育士と看護師の業務で重なることの中でも、子どもや家族に病気や治療に関するお話をしたり、必要な生活介助を行ったり、看護師のほうが向いていたり、看護師がやるべきことも多くあると思います。互いの専門性を理解し合い、丁寧なコミュニケーションを通じて信頼関係を形成し、連携を深めていくことの意義がとても伝わります。

④

家族と医療者をつなぐ

とにかく聞くことで、頭を整理するお手伝い

　特段難しい意思決定をする必要のない状況であったとしても、普段なじみのない医療情報を聞かされた親は、その情報を理解し、自身の中で消化するのに努力を要することが多々あります。このような時にも、ふらっと病棟保育士のもとに立ち寄って、「事細かに」説明していく親がいるといいます。

　西村先生　お母さんたちって、保育士っていうといろいろ話すんですけど、医療のことでは、「先生からこういうのを受けちゃいました」とか、「こういうふうに言われちゃったんです」とかって、こと細かに説明してくれたりとかもするんですね。こと細かに大人が説明するっていうことは、知らない人に言うんだろうなと思うんですね。

　このような時には、とにかく「医療のことは知らない人」に徹し、話を聞くことで、親が頭を整理し、医療者からの説明を消化できるようにお手

伝いするという西村先生。さらに、ただ聞くだけでなく、事前にカルテを読んだり医療者からの情報を得たりしておくことによって、親が正しく理解できているか頭の中で確認しているといいます。もし、親がうまく説明できていないことがあったり、西村先生のほうで間違いに気づくことがあったら、医療者にもう一度説明してもらうことを提案したり、医療者に直接誤解の内容を伝えると教えてくれました。

「普通どうする？」の思いを共有する

　親が難しい治療に関わる選択を迫られる場合、子どもの思いや様子だけでなく、「みんなどうしてる？」「普通どうするもの？」と気になることがあるといいます。病名告知を悩む親からの質問について、木村先生から次のようなお話がありました。

　木村先生　がんの初発が小さいころで、その時は「おなかの中にちょっとばい菌ができて、これをやっつけて元気になったら帰ろうね」って、帰りました。再発しました。また検査してます、みたいな子とかもクリーン病棟にいたりすると、なんで入院してるんだって聞かれる。先生は、この年齢で、すごく話がわかるから、これから治療が必要だっていうことを子どもと話したい、伝えたいと思っていて、「お母さん、どう考えられますか」みたいなことを聞いたりするんだけど、そういう時に保育士が意見を求められることがある。どういう伝え方をしたらいいかとか、「一般的に皆さんどうしてますか」って。「がんっていう言葉を私は伝えたくはないけど、子どもにとってがんってどんな感じなんですかね」とか。

　そういう相談員みたいな人も院内にはいるから、これから相談しに行こうと思ってるんだけど、その間にちょっと不安とか何か考えてることみたいなのを

話すっていう感じですね。お母さんたちも、まだ結論とか結果をもっている状態じゃなくて、ほんとに迷ってる状態みたいな。正しい医療的なことだけ知りたいわけじゃないんだろうなっていう感じです、聞いてくる時って。「普通どうしてますか」の普通って、世間のことも何となくわかってる人に聞きたいみたいな。

　木村先生が「正しい医療的なことだけ知りたいわけじゃないんだろうな」と話されている通り、このような質問をする親は、同様の状況に立たされた他の親がどうしているかを問うことで、そもそもどのような選択肢があるのか模索している段階にいるのだと思います。そのため「皆こうしているから、こうしたほうがいい」という答えを求めているというよりは、どう考えるべきか、どうするべきか、さまざまな事例をみてきた保育士の知識が求められているかもしれません。ピア（同胞）によるカウンセリングを受ける人の80％以上が、相談相手が、問題を理解してくれるけど自身の人生に直接関係のない他者であることが重要であったと回答しているという報告もあります（Duggan et al., 2022）。経験豊富な病棟保育士は、ある意味で、たくさんのピアを一人に集約したような存在といえるでしょう。しかし、病棟保育士自身、たくさんの事例を蓄積するには長い経験が必要です。紹介できる事例が少ない場合には、例えば他の病棟保育士と話したり、同じ職場の医療者と話して情報収集したりすることも有効だと考えられますが、まずは親の思いに耳を傾け、一緒に悩みを共有する姿勢が大事かもしれません。

家族の思いや理解を医療者に伝える

　家族の思いや理解を医療者に伝えるのは、保育士が気づいて伝える場合

と医療者から問われる場合とがあると思います。保育士が気づくのも、なにげない会話の中でぽろっと出てきた親の言葉が引っかかることもあれば、もっと意図をもって、子どもや家族の理解をあえて聞き出すということもあるようです。

木村先生　親御さんと話しているとヒントじゃないですけど、お母さん、こういうことについてはすごく調べるんだなとかわかってくる。ということは、あのお医者さんにちょっと連絡しておこうみたいな。「絶対秘密にしてくださいね」っていう話とかでなければ、「ちょっと、お母さん、これについて不安がってます」とかって言う。「でも私にしかたぶん言ってないから、そちらからは言わないでくださいね」とかいうこともありながら、何かちょっと少し手助けになるような流れにもっていけたらいいなって。「ああ、すっきりした」だけじゃなくて、ちょっと解決できたりするんだったら何か少し自分でも動けるようにというか。

西村先生　医師や看護師からは「西村さんにはなんて言ってます？」みたいな。「何か治療のこととか言ってますか」とか聞かれるんですよね。

　このような情報共有によって解消される疑問や誤解があるため、保育士と医療者が密にコミュニケーションをとることはとても重要でしょう。ただし「**コラム** どこまで医療者と共有する？」（170頁）でもふれる通り、いずれの場合も、子ども、家族、医療者、そして保育士との信頼関係をこわしたり、不信感や不安、疑問を増幅したりすることのないように、丁寧に情報共有することが何より重要です。「医療者も子どもも、お互いに人間だから」と鈴木先生もおっしゃっていましたが、だからこそ、それぞれの思いや意図を尊重しながら、丁寧に関わる必要があるでしょう。

医療者へ、親が納得できる説明を促す

　難しい話じゃなくても、むしろ、わざわざ丁寧に説明の時間を設けるほどでもない処置や検査と思われるものだからこそ、その過程で親が心配になるということもあります。

　　鈴木先生　お鼻の吸引も子どもはけっこう嫌がって。大人も、人がやってるところを見るとちょっと気持ち悪くなってきたりとかするので、嫌な場合はおうちの人は外で待っててもらうんだけど、すごい泣き声とか聞こえるし、すごい抵抗して終わったあと、子どもがなんかぐっちょり、汗でぐったりしてるから、「ほんとにそれ必要なケアなんですか」とか言われることもあって。お母さんにもその処置の必要性をやっぱ伝えないと、当然、お母さんからもがんばったねとか、これで元気になるねとか、そういう言葉がけは出てこない。だからね、バイキンをなくすため、鼻水を吸えば、その分早く元気になるから、元気になるためにやるんだよ、ゼロゼロがなくなってすっきりしたねっていうのを、子どもに伝えつつお母さんにも聞こえるように、看護師さんたちにも言ってもらってね。

　医療者も説明はしてるけど、たぶん急な入院とかだと、医療者の言葉って半分ぐらいしかおうちの人には入ってない。ほんとベテランの看護師さんとかは、こうやると治りも早くなってとか、すごい説明しながらやってくれたりするんだけど、皆がそうとは限らないから。

　鼻の吸引や採血など、比較的簡単な処置の場合、十分な説明なく開始することがありますが、そのままだと、親が子どもを支えることに集中できません。また、親が医療に不信感があれば、それも子どもに伝わってしま

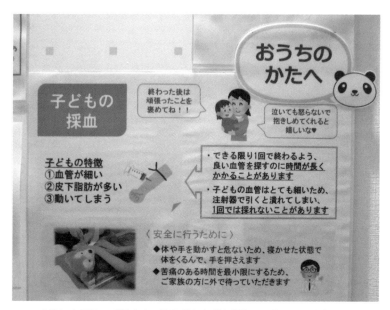

家族にも処置の手順やその際子どもとどう関わったらよいかを伝える

うでしょう。親が子どもをちゃんと支えられるようにするためにも、子ど
もが処置の必要性をきちんと理解し、主体的に協力できるようになるため
にも、たいしたことないと思われる検査や処置も、親がその必要性を理解
できるようなわかりやすい説明が求められているのです。その必要性を医
療者に伝えたり、ものによっては保育士がわかりやすい言葉で代弁したり
することは、とても意味があると考えられます。

医療者とともに、退院後の家族の生活を支える

　退院後の子どもとの関わり方について親と話すという奥山先生が、子ど
もの退院後の生活について医療者との間でカンファレンスが開かれる時に
も、次のような場面があると教えてくれました。

奥山先生　カンファレンスの時に私たちが伝えるのは、この子一人っ子じゃないよねって。おうちに帰るって言うけど、退院後にもいろいろ必要なケアとかあった時に、例えばこの子だけに食事に 1 時間もかけられないっていうおうちの状況っていうのを考えて、食事の時間とか食事のタイミングを考えないと、家族が回って行かなくなっちゃうので。保育園に行かなきゃいけないお兄ちゃんの支度もあるところで、この子の食事にそんなにかけてられないっていうことも考えて調節しないと。入院中はスタッフが 24 時間交代で回してるから、どう調節してもいいんだけど、おうちではそうはいかない。新生児に朝 3 時のミルクがあるのは、期間が限られてるけど、胃ろうや腸ろうから注入をしていると、お母さん寝られなくなっちゃう。そこまで考えて、少し、この子だけの24 時間じゃなくて、家族の 24 時間でっていうふうに見たほうがいいんじゃないっていうことを、ボソッと言ってみたりとか。

　退院後の子どもや家族の生活を見通して、それが持続可能なものになるよう、退院前から調整している様子がうかがえます。実際に、在宅での24 時間のケアは、その絶え間ないケアを続けるだけでも負担感が大きく、さまざまな対応を強いられることにより生活を回すことも困難であることが報告されているものの（大久保他, 2016）、退院後の生活が予測できない家族から要望を伝えることは、なかなか難しいことだと思います。退院後の家族が少しでも平穏に生活を送ることができることを目指す、まさしく入院中にとどまらない、長期的な視点をもった支援ではないでしょうか。

＿＿＿＿＿＿＿＿＿＿＿＿＿＿＿＿＿＿＿＿＿＿＿＿＿＿＿

コラム
親から治療に関して質問されたけど、どうしよう？

　ここまでみてきた通り、病棟保育士は親と他愛ない世間話に花を咲かせることもあれば、子どもの治療に関する不安、医療者に対する不満など、さまざまな話を親から聞くことがあります。また、子どもの発達や育児に関して質問されることもあれば、治療方針や治療内容など医療に関わることについて質問されることもあるといいます。このような時、どのように対応するといいのでしょうか？

　今回ご協力いただいた保育士の皆さんは、医療や治療に関わることに関してはたとえ予想がつくことであったとしても、基本的には自分では答えないようにしていると教えてくれました。西村先生は次のように話しています。

西村先生　（医師からの説明があったあと）「何か、西村さん、こういうのが出てきたんですけど、うちの子って」って言われても、いや、それ違うんだけどなと思いながら「いや、説明してもらいましょっか」って言う。私が変なこと言うとまた混乱しちゃうんで。
　やっぱりそこら辺は窓口を１つにしたほうが断然いいので、「医療のことは全然わかんないんですよね」っていうふうに、あえて言いますね。A先生はこう言った、B先生はこう言ったって、ちょっとの言葉の違いでもすごく敏感になってることがあるから。

　微妙な言葉の違いに敏感になっている親に対して、自身が直接話すことによって混乱を生まないようにするために、医療に関する質問や気になる発言があった時には、医療者につなげるということです。また、普段の保育の中で「医療についてはわからない人」というスタンスを保つ

ためにも、何か質問されても答えないようにしているというのです。

　木村先生は、次のように話しています。

木村先生 　親御さんからは、けっこう相談というか、入院生活についての思いみたいなのをお話しされることが多いですね。今思ってる不安みたいなのとか、治療についての不安みたいなのもあるし、ほんとに「この病棟、何なの」みたいなこととか「看護師さんに、こういうふうにしてほしいと思ってるのに、してもらえなかった」とか、「これから、この先この子どうなっていくんだろう」みたいな話も。
　でも皆さん、「治療不安なんです」って私に言う時「お母さん、それはね」っていう答えを求めてるわけじゃないんだろうなって。もちろん「今この子に適したおもちゃはなんですか」とか、そういう話には「こういうのいいですよね」っていう提示はできるし、そういうのは答えを求めて聞いてきてくれてるんだろうなとは思うんですけど、何かそういう生活についてとか、ちょっと発散じゃないですけど、たぶん私に対する認識が、ほんとに病棟にふらっといる人みたいな感じなのか、「ちょっと聞いてくださいよ」みたいなのが多くて。答えを求めているわけではなさそう、共感して聞いてもらいたいってのが多いんだろうなって。ほんとに「問題だよね、それは」っていうことは「ちょっと私から病棟に相談してみてもいいですか」とかって許可を得て、それを医療者につなぐみたいなこともたまにあるんですけど。

　入院中の子どもに付き添う親にとって、子どもの様子をある程度把握してくれている人で、簡単に愚痴を言ったり世間話をできたりする人は多くありません。木村先生の言うように、確かに、そもそも答えを求めていないことも多いでしょう。やわらかく構えながらも、ちょっと話して発散したいだけなのか、きちんと医療者につなげて解決を図るべきな

のか慎重に判断しながら、丁寧にコミュニケーションをとっていること
がうかがえます。

　奥山先生は、患者家族と医療者のコミュニケーションを促すことを目
指して、患者家族から質問があった場合には「先生に言ってみよう？」
と声をかけることを基本にするといいます。そして、医療に関する情報
を提供する代わりに、子どもの発達や治療中の機嫌や気持ちの変化、家
族との関わり方の変化など、保育士ならではの情報を提供すると話して
くれました。さまざまな専門職が集まる病院内で、互いの領域を侵襲し
ないということは、患者家族のためにも、医療者と良好な関係性を保つ
ためにも、重要なポイントとなるでしょう。

どこまで医療者と共有する？

　病棟保育士が、子どもや家族からさまざまな「本音」を聞くこと、またその情報を適宜医療者に提供していることは、ここまでみてきた通りです。しかし、子どもや家族から伝えられる治療に対する不安や不満、医療者に対する不満や不信感に関する情報を、いつ、どこまで、誰に、どのように共有するかということは、子どもや家族と医療者の関係性に大きく影響してくることです。

　以前、患者家族とお話しする機会があった際に、話をたくさん聞いてくれる医療者のことを「チクリ役」と表現しているお母さんがいました。聞き上手だけど、全部他のスタッフに筒抜けだから、ということでした。一方で、医師を対象にアンケート調査を行った際には、医療の知識が十分ではない中で、やみくもに保護者と一緒に治療方針の文句を言わないでほしい、という記述がありました。こちらは、病気の性質上、医師としても苦渋の決断で行った治療について、「こんな治療はおかしい！」と保育士と保護者で盛り上がっていたことがあるそうです。完全に医療者側になってしまっても、完全に子ども・家族側になってしまっても、どこかで信頼関係がこわれてしまうことがうかがえるかと思います。

　実際に、情報共有についてはとても悩むと西村先生も話しています。

西村先生　保育士はいろんな情報をもっているって医療者は感じてると思うんです。お母さんが、なぜか聞かないのに全部話してくれるからっていうのがありますけど。ただ、私たちが本当に難しいなと思うのは、それを医療チームにどうやって返すのかっていうところなんです。お母さんは、真意は医療者には言ってほしくなくて、ただ私にだけうんうんって聞

いてほしかったのか、私を介して伝えてくれってことなのか。だから、も
う本当シビアな話になると、「お母さん、これは私の範ちゅうにはないの
で、師長に相談しますか」っていうふうに言って意思を確認することがあ
ります。

　あくまで子どもが最善の治療を受け、少しでも快適に入院生活を過ご
せるようにできることを考えると常々話している西村先生ですが、自分
にできること・できないことの線引きをして、母親に素直に提示してい
るのが印象的です。このようなオープンな、率直なコミュニケーション
がとても大事でしょう。子どもや家族から受け取った情報についてどこ
まで医療者に共有するかは、そもそも子どもや家族に共有してもらいた
いというニーズがあるのか、ニーズはなくても共有することのメリット
が子どもや家族にあるのかということに配慮することはもちろんのこ
と、子どもと医療者との信頼関係、子どもと保育士との信頼関係、いず
れもこわれることのないよう、丁寧に気持ちを確認したり、言葉を伝え
たりする必要があると考えられます。

　これはすなわち、木村先生も「 コラム 医療者との連携、保育へのメ
リットは？」（158頁）で話されていたように、適切な情報共有が行われ
るためには、普段から関係各所と信頼関係を築いていることが欠かせな
いということも意味しているでしょう。一人の子どもの治療のために、
ただでさえ多くの大人が関わる環境です。子どもも家族も混乱なく、不
信感も募らないように、かといって病棟保育士が抱え込みすぎないよう
に、上手に情報を共有していくことが、ひいては子どもの療養環境の整
備のためにとても重要だと考えられます。

終章

「病棟保育」に できること

①

病棟保育を行う上で、心に留めておきたいこと

　本書のしめくくりとして、「病棟保育とは何か」ということについて、改めて考えてみたいと思います。まず、病院という特殊な環境で育つ子どもたちのこころの育ちを支える上で、何が大切かという視点から、整理してみます。

1）とにかく子どもにも家族にも「安心と安定」を

　そもそも「保育」とは何かを考えてみると、保育所保育指針には子どもの「健全な心身の発達を図ることを目的とする」（厚生労働省編, 2018）と記載されています。これはすなわち、病棟で行う保育について考える時には、「子どもの健全な心身の発達を図るため、病棟で何が必要なのか」を考える必要があるということでしょう。

　長期の入院になれば発達支援も大切な要素になってきますし、退屈したりストレスがたまったりする入院生活では気分転換も大事です。ただ、とにもかくにも、病棟では子ども（そして、子どものためにも家族の）安心感

とそれによる情緒の安定が何より大事だといえるかと思います。それは子どもが健やかに育つために必要不可欠な安心の感覚（felt security）が、病棟では、どうしても、揺るがされてしまうからです（遠藤, 2016）。病棟には、そもそも怖いことや不安になることが、たくさんあります（Salmela et al., 2009）。不思議なにおいや音のする、見知らぬ環境で、不快な処置や痛い治療を受けなければなりません。その上、普通であればつらい時、困った時にくっつくことのできる親などに、簡単にくっつくことができないため、安心の感覚をすぐに補充することができないのです。本当に多種多様な不安定さがある環境で「子どもが安心して、安定して過ごせているか」という視点がすべてに先立つといって過言ではないでしょう。楽しみも、学びも、すべて、この安心の感覚の先にあるのです。この視点が、子どものその時の精神的健康のためにも、その後の育ちのためにも、何より重要だと考えられます。

2）子どもは育っていくから、長期的視野を

　さらに保育所保育指針を参照すると「『未来』を見据えて、長期的視野を持って、生涯にわたる生きる力の基礎を培うことを目標として保育すること」の重要性が述べられていますが（厚生労働省編, 2018）、病棟保育においても、この姿勢はとても重要だと考えられます。これは、入院前から入院中、退院後も、子どもたちの人生がつながっているということを念頭に置く必要があるということです。この子がこのあと、保育園に戻った時、小学校に上がった時、中学に入る時と、その子の将来のことを考えると、自ずと「今」行うべきことが見えてくるのだと思います。医療者は、

場合によっては「とにかく、今がよければ」という思いで子どもと関わることもあるかもしれません。しかし、その行為や働きかけが、このあと育っていくことを見据えた時にも最良のものなのか、子どもを育っていく個人としてみた時に今何が必要なのか、考えてあげられるのは病棟保育士だと思うのです。

3）代わりにはなれないから、「家族」を大事に

　一つ目の項目で、安心感の大切さについて記述しました。次の問題は、どのようにこの安心の感覚を保障するか、ということになります。まず保育士自身が、子どもの安心感を脅かす存在にならないように関わる必要があるでしょう。その上で、しかし、子どもの「確実な避難所」や「安全基地」となり子どもに安心の感覚を与えるべき人は、子どもの家族、すなわちお母さんやお父さん、場合によってはおじいちゃん、おばあちゃんなど、普段から子どもが困った時、しんどい時に助けを求めている相手であるということに、注意が必要です。なぜなら、子どもたちはやがて、家族とともに退院していくからです。退院後を見据えれば、家族としてうまく機能できることがとても大切です。これは、家族が子どもを受け入れることができなくなっている場合など、特別な場合を除いて、極力、保育士が家族の代わりになるべきではないということを意味しています。そのため、病棟保育士の働きとしては、子どもが安心できるよう、直接的な関わりや（物的・人的・時間的含めた）環境づくりなどに加え、必然的に、親が子どもに安心感を与えられるよう、親を支える働きかけが多くなるのではないでしょうか。保育士がある意味では黒子となって家族をまるごと支え

てあげることが、家族の機能を保つためにも、何より子どもの健やかな育ちのためにも、とても重要といえるかと思います。

4）代弁者として、あたたかいまなざしを

　汐見他（2019）では子ども理解をする際に「指導的・管理的なまなざし」ではなく「人間として信頼するまなざし」を子どもに向ける大切さや、子どもが情緒を安定させ、その関係を基盤として新たな世界に踏み出す上で「肯定的な関心と受容的な態度」が大切なことについて記述されていますが、これが病棟では、特に重要だと感じます。なぜなら、長期的な関係性の構築が可能になる一般の保育所に比べて、病棟保育では関係性構築も比較的短期間で、しかも子どもの人生の中でも最もストレスフルなタイミングで行わなければならないからです。その時の子どもの様子は必ずしも、関係性を築きやすいものではありません。機嫌が悪いことが多かったり、見知らぬ大人が多い環境で質問をされても、プイッと顔をそむけ、答えなかったりする子どももいるでしょう。そして、本書でもたくさんみてきた通り、病棟保育士は、子どもが安心して生活できるように関わるだけでなく、なかなか言語化されない子どもの気持ちの代弁者として機能する場面が多くあります。子どもと保育士自身の関係性構築のためはもちろんのこと、このような代弁者としての役割を果たす病棟保育士だからこそ、子どもが病院の中でよりよく過ごすことができるようにするために、子ども（や家族）に対して常にあたたかいまなざしを向け、ジャッジすることなく、さまざまな行為の背景にある声にならない思いや意図をくみ取ることがとても重要なのです。対象が早産の赤ちゃんであっても、中学生

の子であっても、一緒です。子どもの思いや声を軽んじることなく、丁寧に寄り添えるのは、病棟保育士の大きな役割の一つだと思います。

5) いつでも、まずは保育の視点を

　病院には、医療職はたくさんいます。子どもの病気や治療の状態を常に気にかけ、子どもに接する人はたくさんいるということです。だから、子どもが泣いた時、具合が悪いのかな？　薬が合わないのかな？　病状が悪化したかな？　と心配する人はたくさんいます。けれど、今のあそびを中断するのが嫌なのかな？　眠いのかな？　おなか空いたのかな？　という視点でみる人は少ないかもしれません。奥山先生は、看護師と保育士の違いについて、次のように話しています。

　奥山先生　子どもにとっては誰でもいいんですよね、別に。ドクターや看護師が遊んでくれるなら、それでもいいってこともあるんです。でも、やっぱり優先順位がそれぞれの職種にはあるから。１つのお部屋の前に並んで立った時に、中の４人がそれぞれ、泣いている、呼吸が苦しそう、遊んでいる、眠っているってなったら、「遊ぼう」って言って看護師と保育士がその病室の入り口に立った時に、寝ている子たち、１人で遊べている子はまあ、いいやと思っても、残りの２人のどちらに向かうかが、違ってくる。

　この苦しそうな子どものところへは、看護師が行くしかない。保育士は逆に言うと行かれない。どっちも「子どもと遊ぼう」と思って病室に行ったとしても、とたんに遊ぶっていうところは、看護師の中の優先順位は一番下に下がって、呼吸・命っていうところにいくわけですよ。保育士は、それはどうがん

ばっても、命というほうにはならなくて、ナースコールを押すくらいしかなくって、言葉をかけるだけしかない。でも、病院だから、医療者しかいないと、結局子どもの病気の部分は診てくれる人がたくさんいるけど、あそびとか、普通の子どもらしい部分のサポートみたいのは、常に優先順位が低い状態になってしまうわけです。そこで、医療ができなくて、常に普通の子どもとしての側面を最優先で支援する職種がいてもいいじゃない？　って思うんです。

　医療職と保育士とでは優先順位や子どもをみる時の視点に違いがあることが、端的に伝わる話かと思います。どんな時も、病気や医療とは関係のない、元気な子どもらしい部分を優先できる保育士の存在、どんな時も、子どもの生活や育ちという視点から関わりをもってあげられる保育士という存在は、子どもの入院生活になくてはならないものだと思います。子どもが健やかに育ち、必要な安心感や経験を積んで生きていくためには、常にこのような視点で関わりをもつ人がいるということ自体に、大きな意義があると思うのです。

病棟保育が
目指すもの

　次に、本書の保育士の語りをまとめながら、結局のところ、病棟保育士は何を行っているのか、病棟保育には何ができるのかについて、考えてみたいと思います。本書で語られた内容から、病棟保育士が何を目指しているかについては、大きく分けて下記の3つに分けられるかもしれません。

病棟保育の目的

	短期入院（長期入院の初期）	長期入院
子ども・家族の安心感	不慣れでわからないことの多い入院環境で、少しでも安心して、少しでも見通しをもって生活することができるように。家族の安心感は、子どもの安心感。	
子どもの生活	不慣れな環境で、安心して寝て、食べて、生活できるように。	生活リズムが乱れやすい入院生活で、生活を整えられるように。
子どもの育ち	短い期間でも子どもの育ちを促し、認める。	多くの活動や体験が制約される入院・治療期間において、できるだけ多くの体験を保障する。

1）子どもと家族の安心感

　今回ご協力いただいた保育士は、入院期間の短い急性期の病棟から比較的入院期間の長い病棟、クリーン病棟と、それぞれに配置先は違いましたが、全員共通して、子どもと家族の安心感を第一に関わりをもっていました。これは関係性構築の初期から、退院前、ターミナルの子どもにおいても、同様です。また、家族の安心感を通して子どもが安心感をもてるよう、家族まるごと安心感を感じてもらえるように、さまざまな関わりをもっていることもわかりました。

　喘息のようによく知られる病気であったとしても、余命が宣告されるような病気であったとしても、入院し、治療する子どもや家族の不安やストレスは計り知れません。このような環境で、子どものためにまず必要なのは、安心して生活できるようにすることでしょう。安心感には、認知的な側面と情緒的側面があるといわれており（例えば Werner-Bierwisch et al., 2018）、十分な情報や経験で得られる安心感もあれば、信頼できる他者とのあたたかな関わりを通した安全の感覚で得られる安心感もあります。病棟保育は、特に後者の、情緒的・感覚的な「安心感」の提供を第一としながら、子どものまわりの大人に働きかけることで前者の認知的・情報的な「安心感」も得られるよう気を配っているといえるのではないでしょうか。この時、例えば付き添いのない子どもに対して、病棟保育士自身が安心感を与えられるよう働きかけることもある一方で、親が子どもに安心感を与えられるように親をサポートしていることが多いことにも注目するべきでしょう。特に親に対しては、入院生活に関するさまざまな見通しも情報と

して提供することで、多側面から安心感を感じてもらえるように関わっていることがうかがえます。

2）子どもの生活

　子どもの生活についても、たくさんのお話がありました。病気の子どもの生活というと、長期入院の子どもたちを思い浮かべるかもしれませんが、本書では、むしろ、短期入院の病棟のほうが生活に関する言及が多かったかもしれません。

　短期入院の病棟では、とにかく不慣れな環境に突然入ってきた子どもたちが、しっかり食べて、寝て、回復できるように生活を整えるというお話がありました。この時、例えばあそびを保障することで「豊かな日中」を過ごし、自然としっかり寝られるようにするという働きかけもあった一方で、例えばお昼寝の時間にカーテンを閉めて寝たくなるような環境を整えるなどという働きかけもありました。行為としてはかなり異なりますが、両者ともに、子どもに直接言葉で伝えるのではなく、結果的に子どもの生活が整うよう、環境を調整していることが特徴ではないでしょうか。

　長期入院になる病棟でも同様に、子どもの生活が整うよう、また、子ども自身が生活を整える能力を身につけていけるよう、保育士が環境を構造化したり、周囲に働きかけたりしていく語りがありました。病気を少しでも早く治すためにも、退院後の社会生活に備えていくためにも、入院期間中の生活がおろそかになることのないよう、尽力していることがわかります。

3）子どもの育ち

　病棟保育士というと、長期入院の病棟にしかいる意味がないのではない
か、といわれることもありますが、子どもの育ちという一見長期的な関わ
りを必要とするものであっても、比較的入院が長期になる子どもを保育対
象とする西村先生と木村先生からはもちろん、入院期間が多くの場合1〜
2週間の子どもを保育対象とする奥山先生や鈴木先生からも言及がありま
した。

　特に短期入院の場合は、子どもたちが入院前までにつけてきた力を入院
中にも発揮できるように、そして、入院という非日常の空間において少し
でも「がんばった」「できた」と子ども本人が感じられるように、という
語りが多かったように思います。この時、子どもがどんなに泣いたとして
も、大変だったとしても、処置や治療、医療者とのコミュニケーションに
ついても一つひとつ子どもががんばったこととして積極的にとらえ、子ど
も本人や家族に伝えていくことが強調されていました。

　また、入院が長期化する病棟では、子どもが育ちの機会を得られるよ
う、例えば子ども同士の交流のきっかけをつくったり、学びが得られるよ
うな環境構成を行ったりしていることがわかりました。

　このように、子どもたちと生活をともにし、一人ひとりの子どものこと
をよく知ることで、それぞれの小さながんばりや成長を見逃さず、そのが
んばりをきちんと本人や家族が認識できるように言葉にしていく姿は、全
員に共通してみられたかと思います。

③

病棟保育の
方法

　それでは、病棟保育士はどのように子どもや家族に安心や安全の感覚を
提供し、子どもの生活を支え、育ちを促しているのでしょうか。本書で4
名の保育士から語られた方法を、下にまとめてみました。

　　　1）気持ちに寄り添う
　　　2）言葉を尽くす
　　　3）環境・場を調整する
　　　4）やっぱり「あそび」を保障する
　　　5）家族に働きかけ、連携する
　　　6）医療者に働きかけ、連携する

1）気持ちに寄り添う

　本書では、病棟保育士が、子どもの入院のすべての段階で、子どもの気
持ちに寄り添っていることがとても特徴的でした。これは、子どもと信頼
関係を構築する目的はもちろん、「子どもの気持ちの動き」を大事にして

いるからこその特徴だと思います。大人や医療のペースになってしまいがちな病院の中で、子どもの喜びやうれしさ、悲しみやつらさ、そしてさまざまな気持ちの動きに敏感に寄り添い、子どものペースに合わせて待ち、時にはその気持ちの動きを見越して保育計画を立てて、子どもたちと関わっている姿がありました。

　榊原・市川・渡邉（2021）は共著書『障害児保育』の中で、障害のある子どもの保育に求められる「丁寧な」関わりとして、①子どもが自分の外に目を向けようとしている姿を積極的にとらえること、②子ども独自の興味・関心のもち方を大切にすること、③子どもと仲間、物がつながるきっかけをつくることを挙げています。病棟に入院してくる子どもは必ずしも障害をもっているわけではありませんが、障害のある子どもと似ている側面が多々あるかと思います。

　例えば、①では、障害のある子の言葉にならない声や行動から、子ども自身が自分の外に目を向けだそうとしている姿勢を積極的に見出し、肯定的にとらえる大切さが述べられていますが、新しく不慣れな病棟に入院してきた子どもにおいても、このような対応はとても大事になるでしょう。また、入院してくる子どもも、さまざまな制約や生活経験の乏しさなどにより興味関心のレパートリーが少なかったり、特定のあそびにこだわったりする場面があるかと思いますし（②）、さらには、病院という環境で思いをうまく伝えられないことや、そもそものしんどさ、わからなさなどにより、うまく人や物とのつながりを築けないこともあるかと思います（③）。このような子どもたちに対して、それぞれの思いに寄り添い、その子が、いま、何に目を向けているのか、何をしたいのか、何を伝えたいのか感じ取ること、すなわち、あたたかいまなざしを向け、「丁寧な」関わりをもつことによって、子どもにとって居心地のよい、安心できる空間を築くことができるのだと考えられます。

2) 言葉を尽くす

　本書では、とにかく子どものために言葉を尽くす保育士の姿がありました。どんなに小さな子どもや赤ちゃんを相手にしても、それぞれを一人の人間として尊重し、その子にわかる説明や声かけを行っていました。これは、子どもの家族に対しても同様です。話をする、コミュニケーションをとる、というと簡単なようですが、本書でご協力いただいた保育士は本当にさまざまな場面で丁寧に言葉を使いながら、子どもとの信頼関係を形成したり、さまざまな納得を引き出したり、子どもの育ちを促す働きかけを行ったりしていました。彼女たちが、言葉を端折ることなく、「わかるだろう」と決めつけることなく、どの子や家族に対しても、反応を見ながら、柔軟に、きちんと伝えようとする姿があったかと思います。

　また、これに関連して、例えば何か事象が起きた時、その事象についてポジティブな意味づけを行う保育士の姿がたくさんありました。注射や処置について、泣いたこと、大変だったことではなく、がんばったこととして話す奥山先生や鈴木先生。ターミナルの子どものそばを離れ、大切に過ごしたご夫婦の時間をポジティブにとらえ直す西村先生の語りがあります。同じ事柄でも、結局はそれぞれの人がそれをどのように意味づけるのかが、その人の主観的な経験やその後の人生に影響するといわれています(Park, 2010)。特に、大きな病気や障害のように、答えのない問いが出てくる時には、このようにあたたかく経験をとらえ直してくれる存在がいることは、子どもの情緒の安定だけでなく、心の成長のためにも重要だと考えられるでしょう。

3) 場を調整し、環境を通して働きかける

　「言葉を尽くす」と相反するようではありますが、時に子どもの気持ち
に寄り添い、時に子どもの気持ちをそっと動かせるように、保育士が周囲
の環境に働きかけ、場を調整しているエピソードもたくさん語られていま
した。子どもが治療に気持ちを向けられるように、寝たくなるように。子
どもが体を思わず動かしてしまいたくなるように。保育士はただまっすぐ
言葉がけをするだけでなく、むしろ時には直接的な言葉がけは避けて、子
どもの気持ちを動かすよう創意工夫を行っていました。

　環境というと、子どもを取り巻く人をさす人的環境と可視化できるモノ
をさす物的環境を意味することが多いと思います。しかし、「環境を通し
ての保育」について論じている河邉（2016）は、人的環境や物的環境だけ
でなく「園全体に醸し出されている雰囲気や空気感、あるいは『時間の流
れ』といった可視化できないものも子どもを取り巻く環境の一つ」として
挙げられること、そしてこのように、子どもに近いものから遠いものまで
含めた環境が、有機的に関連しあって保育環境を形成し、子どもに何らか
の影響を与えると考えるべきだと述べています。本書で語られた病棟にお
ける環境を通した保育は、まさにここで述べられているような、子どもを
取り巻くあらゆる環境を視野に入れたものだったかと思います。ある意味
では、「これは環境、これはそうでない」と決めることなく、子どもを取
り巻く病院内外の人（家族や医療者を含む）、場所、モノ、時間、空気感や
雰囲気、すべてを子どもに影響を与えるものとしてとらえ、その影響の可
能性を丁寧に吟味し、保育的な意図をもって再構成している場面が多かっ

たのではないでしょうか。子どもの経験が環境によって方向づけられるということを念頭に、慎重に、丁寧に、環境を構成・再構成する病棟保育士の姿がありました。

４）やっぱり「あそび」を保障する

　４名の病棟保育士のお話を通してみてみると、本当にあらゆる場面で子どものあそびを保障しようとしている姿が、とても印象的です。そして、このように子どもが「あそびのためのあそび」を繰り広げ、没頭することで、たくさんの副産物があることも示されているかと思います。本書で語られたものだけでも、以下のものがありました：

- ・（保育士、医療者、他の子どもとの）関係性を構築する
- ・子どもの発達や能力、理解度合いを見極める
- ・生活を整える
- ・ストレスを発散させる
- ・成長段階に応じた育ちを促す
- ・時間を共有し、寄り添う

　もちろん、ストレス発散の時にはこういうあそびが有効など、大きな枠組みや王道の手法はそれぞれあると思います。しかし、西村先生が「特定のあそびを離床の方法論にされたくない」と語っている通り、隠れた意図はもちつつも、あくまで子どもの子どもらしいあそび（生活）を保障してあげたいという思いのもと、その時の子どもに何が一番必要か（ストレス

発散？　育ちの促し？）、子どもと直接関わる中で見極め、子どもの反応を
みながら働きかけを調整し、柔軟に対応している姿がありました。
　また、病棟の保育士は、遊ぶ上でさまざまな制約のある子どもに対し
て、見事なまでにあらゆる引き出しを用意し、あそびを提供していること
もわかりました。子どもの「やりたい」という気持ちをどうにか実現でき
るように、子どもが探索活動をあきらめる必要のないように、尽力してい
ることが伝わります。

5）家族に働きかけ、連携する

　家族とは、かなり多様な関わり方があることがわかりました。特に入院
期間が比較的短期の病棟では、わかりやすい言葉で、時には子どもに伝え
るような形をとりながら、処置の意味や今後の見通しを伝えるとともに、
落ち着いている子どもの姿を見せることで親に安心感を感じてもらおうと
していました。また、子どもとの関わり方、子どもの支え方を直接伝えて
いたことも印象的です。入院が長期化する子どもたちの家族には、ある意
味で常に「親が子どもを一番に支えている」ということを尊重しながら、
家族の苦労や大変さを労いながら、関わりをもっていることがわかりまし
た。親自身の思いに耳を傾け、時に寄り添い、時に医療者とうまく連携し
て悩みなどを解消するよう働きかけながら、親が少しでも安定し、子ども
をよりよく支えることができるように、家族をまるごと包み込む数々の実
践が行われていました。
　入院中、治療中の子どもを持つ親は、先の見通しがもてない中での看病
はもちろん、慣れない入院の付き添いや家族の生活のやりくりで精神的に

消耗していることが多くあります。また、場合によっては子どもの病気の原因が自分にあると感じて罪悪感も感じていることがあり、親自身が感じているストレスは、本当に計り知れません。このような状況で、しかし、親は子どもを支えることが求められます。完全看護で、たとえ親の付き添いが求められていない病棟であっても、やはり親は子どもの精神的な安定の要となるからです。また、親は、このようなストレスフルな状況で、さまざまな意思決定も求められます。子どもの代わりに治療の判断を求められることもあれば、子どもにどの程度、病気や治療について伝えるかも考えなければならないこともあります。目の前の子どもを支えながら、子どもの人生を左右する決断を迫られ、同時に家に残るきょうだいを含む家族の心配をする親は、本当に大変です。このような状況で病棟保育士は、上述の通り、直接話を聞くなどの活動を通して情緒的・感覚的な「安心感」を提供しながら、保育士自身が提供できる情報や医療者との連携を通して認知的・情報的な「安心感」も提供していると考えられます。また、時には親がほっと一息つけるように、子どもから離れる時間をもてるように、親ががんばりすぎないように、親の心身の状態の寄り添いながら、その時々で求められるサポートを提供していることがわかりました。子どもが安心して、安定して過ごせるよう、家族をまるごと支える病棟保育士の姿があったのではないでしょうか。

6）医療者に働きかけ、連携する

　病院の中で、治療を受けることを目的に入院してきている子どもを保育するため、医療者との連携は欠かせません。子どもや家族の気持ちを伝え

たり、医療を離れた場でみられる姿を共有したりするだけでなく、医療者のフォローをするなどして、子どもが前向きに医療をとらえられるように促す姿もありました。また、医療者の動きや医療者から子どもへの働きかけという「環境」を整える、すなわち、処置や検査のタイミングを調整したり、そのタイミングについて適切に事前に声かけをしてもらったり、さらには医療者が子どもに対して使う言葉を調整したりなど、本当にさまざまな働きかけがありました。

　医師や看護師をはじめとする医療者と病棟保育士との連携は、簡単ではありません。依然としてカルテへの記載の権利がない、カンファレンスや申し送りに出る権利や時間がないなど、情報共有の場が限られる病院もありますし（石井, 2017）、そもそも病棟保育士が何をしているのかわからないという医療者の声もあります。しかし、2019 年に 4 つの小児専門病院を対象に行った調査からは、やはり少なくとも一定数の医師が、保育士からの情報を重視し、保育士からの情報をもとに子どもとの関わり方や子どもへの説明の仕方を工夫していることが明らかになっています（石井・土屋・高橋, 2023）。特に、子どもの発達の状態や日々の変化、機嫌、さらには医療者のいないところでの発言や保育士の保育中の気づきなどについては特に活用しているという結果でした。一方で、同じ調査で保育士からは、情報共有の機会の少なさを指摘する声や医師や看護師に対して遠慮してしまうとの声などもありました。この調査で対象とした病院は、それぞれ 4 名以上の保育士が配置されている病院でしたが、病院で 1 人配置の保育士などは、さらに情報共有や連携の難しさを感じられているかと思います。病院を、子どもにとってよりよい治療の場とするだけでなく、より安心できる場、より育ちが促される場にするためにも、医療者と保育士が連携できる基盤の構築が必要でしょう。

④

病棟保育からの
メッセージ

　本書では、一般の保育所や乳児院など多くの保育士が働く場とは異なる、病棟という環境における保育についてみてきました。「はじめに」でも書いた通り、本書では、病棟保育の現場にいるさまざまな実践者の中でも、特に「保育士」であることを貫いている方々の実践の語りをまとめていますが、この過程を通して、まさに「保育」とは何かを再発見できたのではないかと感じています。

　病棟という、子どもの生活が必ずしも優先されない環境であるにもかかわらず、4名の保育士は子どもたちの安心、生活、育ちという視点を常に忘れずに、いつでもそこを大事にしながら、子どもや周囲の環境と関わっていることがわかりました。

　子どもに安心の感覚を提供するということは、どういうことなのか。
　子どもの生活を守り、育ちを促すということは、何を意味するのか。
　なぜ、あそびを保障するのか。

　このような問いに対する答えが、必ずしも保育しやすい環境ではないからこそ、かえってクリアに示されているのではないでしょうか。
　そして本書の4名の病棟保育士は、新生児から高校生まで、そして、短

期の入院ですぐに社会復帰する子どもから、余命が宣告されている子ども
まで、さまざまな子どもたちに対して保育を行っていました。これら数々
の実践から、乳幼児だから、特定の施設にいるから「保育」ができるので
はなく、どの年齢の子どもに対しても、どのような施設にいる子どもに対
しても、保育的な視点から関わりをもつことが可能であることが示されて
いると感じます。保育的な視点は、実は、保育所や幼稚園に通う子ども以
外のためにも必要とされる場所がたくさんあるものの、それが必ずしも行
き届いていないのが現状だと思います。すべての子どもに保育が保障され
るべきであること、そしてそれが可能であるということが、本書を通じて
明らかになったのではないでしょうか。

　しかし、病棟保育自体も、順風満帆という状況ではありません。現在で
も、非常勤などの雇用形態も非常に多く、不安定な雇用により翌年の契約
更新があるかもわからない状況で実践されている方々もたくさんいます。
このような方々は、看護師や医師との関係性構築を優先しなければ契約更
新がされないという不安から、自身の理想とする保育を追求することがで
きないことがあるといいます。また、私が以前インタビューさせていただ
いた病棟保育士の中にも、前述の通り、公的な指針などもなく、大多数を
占める医療者との連携も難しい中で、自身の役割がわからない、病棟に保
育が必要なのかわからない、と感じておられる方もいました。病棟を「癒
やしの場」（当該の病気を治し癒やす場）だけでなく、子どものトータル・
パーソンとしての「育ちの場」（心身全体の育ちを支え促す場）にする力を
もつ病棟保育士自身が、安心して「保育」できる制度が整うことを、切に
願います。

引用文献

Abel, K. M., Hope, H., Swift, E., Parisi, R., Ashcroft, D. M., Kosidou, K., ... Pierce, M. (2019). Prevalence of maternal mental illness among children and adolescents in the UK between 2005 and 2017: a national retrospective cohort analysis. *The Lancet Public Health, 4*(6), e291-e300. doi: 10.1016/S2468-2667(19) 30059-3

秋田 喜代美 (2009). 保育の心もち　ひかりのくに

網野 裕子・沖本 克子 (2017). 短期入院の乳幼児をもつ母親の付き添い中の体験　岡山県立大学保健福祉学部紀要, *24*(1), 125-131.

Barreto, T. M., Bento, M. N., Barreto, T. M., Jagersbacher, J. G., Jones, N. S., Lucena, R., & Bandeira, I. D. (2020). Prevalence of depression, anxiety, and substance-related disorders in parents of children with cerebral palsy: a systematic review. *Developmental Medicine and Child Neurology, 62*(2), 163-168. doi: 10.1111/dmcn.14321

Darling, N. (1999). Parenting Style and Its Correlates. ERIC Digest. https://files.eric.ed.gov/fulltext/ED427896.pdf (2023 年 11 月 20 日取得)

Denham, S. A., Bassett, H. H., Way, E., Mincic, M., Zinsser, K., & Graling, K. (2012). Preschoolers' emotion knowledge: Self-regulatory foundations, and predictions of early school success. *Cognition & Emotion, 26*, 667-679. doi: 10.1038/jid.2014.371

Duggan, M., Research Director, M. A., Humphrey, D., Cogan, D., Eisenberg, D., Black, J., ... Student, T. S. (2022). Peer counseling in college mental health: A survey of students' attitudes and experiences with mental health peer counseling.

遠藤 利彦 (2016). アタッチメント理論から見る病児ケア――子どもが安心して育つために――　医療と保育, *14*, 58-66.

Fritzley, V. H., & Lee, K. (2003). Do young children always say yes to yes-no questions? A metadevelopmental study of the affirmation bias. *Child Development, 74*, 1297-1313. doi: 10.1111/1467-8624.00608

Glocker, M., Langleben, D. D., Ruparel, K., Loughead, J. W., Gur, R. C., & Sachser, N. (2012). Baby schema in infant faces induces cuteness perception and motivation for caretaking in adults. *Ethology, 115*, 257-263. doi: 10.1111/j.1439-0310.2008.01603.x.Baby

Gottman, J. M., Katz, L. F., & Hooven, C. (1996). Parental meta-emotion philosophy and the emotional life of families: Theoretical models and preliminary data. *Journal of Family Psychology, 10*, 243-268. doi: 10.1037/0893-3200.10.3.243

浜名 真以・針生 悦子 (2015). 幼児期における感情語の意味範囲の発達的変化　発達心

理学研究, *26*, 46-55. doi. org/10.1145/3132847.3132886

Harris, Helen, "What is a congregation to do? Grief in family congregational life." *Journal of Family Ministry, 17*, no.2 (Summer 2003), 13-14.

帆足 英一 (1997). 小児の療養環境のあり方に関する研究　厚生省平成5年度心身障害研究 研究報告書

堀 智晴 (2016). 世界に一人しかいない「この子」の保育　日本保育学会(編) 保育学講座1 保育学とは――問いと成り立ち――　東京大学出版会

厚生労働省 (2002). 基本診療料の施設基準等を定める件 平成14年度診療報酬改定関連告示等一覧　http://www.mhlw.go.jp/topics/bukyoku/hoken/sinryou/02kokuji/ (2017年2月20日取得)

厚生労働省 (2006). 平成18年度診療報酬改定における主要改定項目について　http://www.mhlw.go.jp/shingi/2006/02/dl/s0215-3v01.pdf (2017年2月20日取得)

厚生労働省 (2010). 平成22年度診療報酬改定における主要改定項目について　http://www.mhlw.go.jp/stf/seisakunitsuite/bunya/kenkou_iryou/iryouhoken/iryouhoken12/index.html (2017年2月20日取得)

厚生労働省(編) (2018). 保育所保育指針解説書　フレーベル館

飯塚 有紀 (2013). NICUへの入院を経験した低出生体重児の母親にとっての母子分離と母子再統合という体験　発達心理学研究, *24*, 263-272.

池谷 実歩・蔭山 正子 (2020). 精神障がいを抱えながら育児を継続している親の経験　日本地域看護学会誌, *23*(3), 13-22.

石井 悠 (2014). イルネス・アンサーテンティ (Illness Uncertainty) ――"病気に関する不確かさ"研究の概観と展望――　東京大学大学院教育学研究科紀要, *54*, 221-231.

石井 悠 (2017). 速報版 病棟保育に関する全国調査　東京大学大学院教育学研究科附属発達保育実践政策学センター

Ishii, Y., & Endo, T. (2022). Reconsidering children's illness uncertainty and management experiences with female Japanese cancer survivors. *Frontiers in Psychology*, (November), 1-10. doi: 10.3389/fpsyg.2022.1006267

石井 悠・高橋 翠・岡 明・遠藤 利彦 (2019). 全国の病棟保育に関する実態と課題 第1報　小児保健研究, *78*, 460-467.

石井 悠・土屋 昭子・高橋 翠 (2023). 小児専門病院における病棟保育士と医師との協働・連携　小児保健研究, *82*(6), 484-497.

Ishikawa, H., Tachimori, H., Takeshima, T., Umeda, M., Miyamoto, K., Shimoda, H., ... Kawakami, N. (2018). Prevalence, treatment, and the correlates of common mental disorders in the mid 2010's in Japan: The results of the world mental health Japan 2nd survey. *Journal of Affective Disorders, 241*(July), 554-562. doi: 10.1016/j.jad.2018.08.050

蔭山 正子・横山 恵子・坂本 拓・小林 鮎奈・平間 安喜子（2021）. 精神疾患のある親を
もつ子どもの体験と学校での相談状況——成人後の実態調査—— 日本公衆衛生雑誌,
68(2), 131-143.

河邉 貴子（2016）. 環境を通しての保育 日本保育学会(編) 保育学講座3 保育のいとな
み——子ども理解と内容・方法—— 東京大学出版会

数井 みゆき（2005）. 保育者と教師に対するアタッチメント 数井 みゆき・遠藤 利彦
（編著）アタッチメント——生涯にわたる絆—— ミネルヴァ書房

児嶋 雅典・舛森 保子・浅井 広（2018）. 保育内容総論の構想とその展開——保育者養成
教育課程における役割と保育者の計画性・意図性—— 松山東雲女子大学人文科学部
紀要, *27*, 11-41.

Lillard, A. S., Lerner, M. D., Hopkins, E. J., Dore, R. A., Smith, E. D., & Palmquist, C.
M. (2013). The impact of pretend play on children's development: A review of the
evidence. *Psychological Bulletin, 139*(1), 1-34. doi: 10.1037/a0029321

Lillard, A. S. (2017). Why do the children (pretend) play? *Trends in Cognitive
Sciences, 21*(11), 826-834. doi: 10.1016/j.tics.2017.08.001

Madden, S., & Sim, J. (2006). Creating meaning in fibromyalgia syndrome. *Social
Science and Medicine, 63*, 2962-2973. doi: 10.1016/j.socscimed.2006.06.020

前田 陽子（2013）. 思春期に小児がんを発症した患児の入院体験 日本小児看護学会誌,
22, 64-71.

Manning, M., Homel, R., & Smith, C. (2010). A meta-analysis of the effects of early
developmental prevention programs in at-risk populations on non-health outcomes
in adolescence. *Children and Youth Services Review, 32*(4), 506-519. doi: 10.1016/j.
childyouth.2009.11.003

Mechanic, D., & Meyer, S. (2000). Concepts of trust among patients with serious
illness. *Social science & medicine, 51*(5), 657-668.

Meyer, S., Raikes, H. A., Virmani, E. A., Waters, S., & Thompson, R. A. (2014). Parent
emotion representations and the socialization of emotion regulation in the family.
International Journal of Behavioral Development, 38(2), 164-173. doi: 10.1177/
0165025413519014

Mishel, M. H. (1988). Uncertainty in illness. *Journal of Nursing Scholarship, 20*, 225-
232.

Mishel, M. H. (1990). Reconceptualization of the uncertainty in illness theory. *Journal
of Nursing Scholarship, 22*, 256-262.

Mrosková, S., Rel'ovská, M., & Schlosserová, A. (2020). Burnout in parents of sick
children and its risk factors: A literature review. *Central European Journal of
Nursing and Midwifery, 11*(4), 196-206. doi: 10.15452/CEJNM.2020.11.0015

長嶋　正巳（2006）．医療施設における病児の心身発達を支援する保育環境に関する調査研究　平成17年度児童関連サービス調査研究等事業報告書　こども未来財団

日本医療保育学会（n.a.）．http://iryouhoiku.jp/philosophy/（2024年5月1日）

Northouse, L., Kershaw, T., Mood, D., & Schafenacker, A. (2005). Effects of a family intervention on the quality of life of women with recurrent breast cancer and their family caregivers. *Psycho-Oncology, 14*, 478-491. doi: 10.1002/pon.871

Obeidat, H. M., Bond, E. A., & Callister, L. C. (2009). The Parental Experience of Having an Infant in the Newborn Intensive Care Unit. *The Journal of Perinatal Education, 18*, 23-29. doi: 10.1624/105812409X461199

大神田　麻子（2010）．就学前児における反応バイアスの発達的変化　心理学評論, *53*, 545-561. doi. org/10.24602/sjpr.53.4_545

大久保　明子・北村　千章・山田　真衣・郷　更織・高橋　祥子（2016）．医療的ケアが必要な在宅療養児を育てる母親が体験した困りごとへの対応の構造　日本小児医療学会誌, *25* (1), 8-14.

Ommen, O., Janssen, C., Neugebauer, E., Bouillon, B., Rehm, K., Rangger, C., ... Pfaff, H. (2008). Trust, social support and patient type-Associations between patients perceived trust, supportive communication and patients preferences in regard to paternalism, clarification and participation of severely injured patients. *Patient education and counseling, 73*(2), 196-204.

大澤　妙子，小林　八代枝（2002）．通院や入院経験をもつ子どもの母親の思い――看護婦とのかかわりで母親の最も心に残る出来事から――　日本小児看護学会誌, *11*(1), 58-63.

Park, C. L. (2010). Making sense of the meaning literature: An integrative review of meaning making and its effects on adjustment to stressful life events. *Psychological Bulletin, 136*, 257-301. doi: 10.1037/a0018301

Parmelee, A. H. (1986). Children's illnesses: Their beneficial effects on behavioral development. *Child Development, 57*, 1-10. doi: 10.1111/j.1467-8624.1986.tb00001.x

Pearson, S. D., & Raeke, L. H. (2000). Patients' trust in physicians: many theories, few measures, and little data. *Journal of general internal medicine, 15*, 509-513.

Psychogiou, L., & Parry, E. (2014). Why do depressed individuals have difficulties in their parenting role? *Psychological Medicine, 44*(7), 1345-1347. doi: 10.1017/S0033291713001931

三枝　幸子・細川　美香・中澤　美樹・舟越　和代・三浦　浩美（2012）．初めて緊急入院した子どもに付き添う母親の思い　日本看護研究学会雑誌, *35*(1), 107-116.

榊原　洋一・市川　奈緒子・渡邉　英則（編著）（2021）．障害児保育　アクティベート保育学14　ミネルヴァ書房

Salmela, M., Salanterä, S., & Aronen, E. (2009). Child-reported hospital fears in 4 to 6-year-old children. *Pediatric Nursing, 35*, 269-276, 303.

汐見 稔幸・大豆生田 啓友・無藤 隆(編著) (2019). 保育原理　アクティベート保育学1　ミネルヴァ書房

Sorce, J. F., & Emde, R. N. (1981). Mother's presence is not enough: Effect of emotional availability on infant exploration. *Developmental Psychology, 17*, 737-745. doi: 10.1037/0012-1649.17.6.737

高畑 芳美 (2014). 子育ての「主体」である母親を支援する幼稚園の役割　保育学研究, *52*(3), 355-364.

谷川 弘治 (2012). 医療保育専門士　小児科臨床, *3*, 403-405.

Theunissen, J. M., Hoogerbrugge, P. M., Achterberg, T. van, Prins, J. B., Vernooij-Dassen, M. J. F. ., & Ende, C. H. M. van den. (2007). Symptoms in the pallicative phase of children with cancer. *Pediatric Blood & Cancer, 49*, 160-165. doi: 10.1002/pbc

Vatne, T. M., Finset, A., Ørnes, K., & Ruland, C. M. (2010). Patient education and counseling application of the verona coding definitions of emotional sequences (VR-CoDES) on a pediatric data set. *Patient Education and Counseling, 80*, 399-404. doi: 10.1016/j.pec.2010.06.026

Vatne, T. M., Ruland, C. M., Ørnes, K., & Finset, A. (2012). Children's expressions of negative emotions and adults' responses during routine cardiac consultations. *Journal of Pediatric Psychology, 37*, 232-240.

Werner-Bierwisch, T., Pinkert, C., Niessen, K., Metzing, S., & Hellmers, C. (2018). Mothers' and fathers' sense of security in the context of pregnancy, childbirth and the postnatal period: An integrative literature review. *BMC Pregnancy and Childbirth, 18*(1). doi: 10.1186/s12884-018-2096-3

吉武 久美子・浦川 麻緒里・松瀬 美穂 (2014). 幼児の失敗場面に対する、保育士の言葉かけや関わり方に関する検討　日本心理学会第78回大会. 1117.

本書の出版に寄せて
遠藤利彦（東京大学）

病院にいる子どもたちの「心の育ち」に目を向ける

　病棟での入院生活を余儀なくされている幼い子どもにとって、病を癒やし、命を護ることが何よりも優先されなければならないことは言うまでもありません。一人一人の子どもが、それぞれにその小さな身体に固有の痛みやつらさを抱える中、それらから一刻も早く子どもを救い出すこと、それが子どもに密に関わる大人の最も重要な使命であることも言わずもがなのことであります。そして、日本の小児医療はその課題に今や十分に応え得る体制を確実に築きつつあると言えるのかも知れません。NICU（新生児集中治療室）やPICU（小児集中治療室）をはじめ、日本の小児医療が世界の中でもきわめて高い水準にあることは多くのデータが示すところであり、現実的に重篤な病を抱えた幼い子どもたちが適切で手厚い治療を受けることを通じて、徐々に病を克服し、その後、長きにわたって生命を維持できる確率が高まってきていることは、無論、喜び以外の何ものでもありません。

　しかし、そうであるからこそ、なおさらに、私たちは、子どもたちが病棟で過ごす乳幼児期が、実は人の揺りかごから墓場までの長い人生において、とても大切なその基礎工事あるいは土台形成の時期であることを再確認してしかるべきなのではないかと思います。私たち、子どもに関わる大人は、子どものその後の未来を見据えて、身体の病を癒やすことを第一義としつつも、それと同時に、心の基盤形成にもしかと目を向けるべきでしょう。そして、病児を取り巻く状況からして、現実的な意味で最も重要な役割を果たし得るものが、まさに病棟保育であり、その形を確かなものとし、かつその質の向上を図り、実現していくことが、現今の日本の小児医療の現場における、ある意味、喫緊の課題であると言えるような気がします。本書は、その課題に少しでも応えることを目指して企図されたものです。

アタッチメント理論からみた病棟保育の意味

　ここで、筆者の研究テーマの一つであるアタッチメントの視点から、病児の置かれた状況やそれに対して、どのような配慮がなされるべきかということに関して、少しばかり思うところを述べてみたいと思います。幼い子どもの心身両面の発達において、まず何よりも重視されるべきものとして、アタッチメントがあります。それは、時に親と子の情緒的絆と狭く解釈されることもありますが、より厳密には、子どもがある危機的状況に接し、あるいはまた、そうした危機を予知し、恐れや不安などの感情が強く喚起された時に、親に限らず特定の他者へのくっつきを通して、もう大丈夫という安心感を回復・維持しようとする傾向を指して言うものです。別の見方をすれば、それは「一人（例えば子ども）の感情状態の崩れを二人（例えば親や保育者との）の関係性によって制御・調整するシステム」とも言い得るものです。このアタッチメントについては、劣悪な環境下における重篤な剥奪事例をはじめ、現在までに世界各地で膨大なデータが蓄積され、乳幼児期におけるアタッチメントの経験の質が、自分や他者に対する基本的な信頼感の形成を左右することを介して、また脳神経系や生理学的なメカニズムの構成に深く関与することを通して、その後の心身の発達全般に、とりわけ社会情緒的側面の適応性に、かなり長期的な影響を及ぼすということが明らかになってきています。もう少し平たく言えば、子どもが恐れや不安などのマイナスの感情を経験した時に、周囲の特定の大人が「安全な避難所」として子どもを受け容れ、その崩れた感情状態をなだめ、そして再び子どもが元気を取り戻したところで今度は「安心の基地」として子どもを外界に積極的に送り出し、その自律的な探索活動を見護り、支え促すという状況下で成育することが、子どもの健やかな育ちの鍵となるということです。

　このアタッチメントという観点から見た時に、いかなる形であれ医療の下に置かれた子どもは、様々な意味で特別にケアされなくてはならない存在であるということが言えます。まず第一に、こうした子どもは、時には命にも関わるような病気を患い、きわめて強く苦痛あるいは恐れや不安などのマイ

ナスな感情を経験し、安心感が大きく揺るがされていることが想定されます。すなわち、くっつきたいというアタッチメントの欲求が強度に活性化されており、元来、人一倍、特定の大人との密接な近接関係、つまりはくっつきが必要とされるということです。しかし、そうでありながら、第二に、こうした子どもは、治療や手術のための入院などによって、しばしば、その主要なアタッチメント対象である親との分離を余儀なくされます。この第一と第二の点から言えることは、医療的ケアの対象となる子どもは、しばしば、アタッチメント欲求が尋常でなく高められていながら、それを効率的に充足されないままにされる危険性を有しているということです。

　これに関連して付言しておくと、激痛、出血や吐血、傷や身体的変形、喘息、発疹や痒みなどが、また、それらに対する治療や手術などの医学的な措置が、時に、子どもにとって根深いトラウマとなり、その後の心身の安寧を著しく脅かすという危険性が指摘されています。しかし、その一方で、そうしたつらい経験が実際にトラウマとなるか否かは、多くの場合、その経験そのものの質以上に、それに対する心理的ケアがいかにタイミングよく十全になされるかによって大きく左右されることも知られています。逆に言えば、本来、特定の大人との安定したアタッチメントが確保され、十分に子どものマイナスの感情が慰められる時、その元となった経験は心理的なインパクトを減じ、トラウマとして長く残り続けるという危険性が低くなる可能性が多分にあるということです。しかしながら、医学的措置により、たとえ一時的であれ、親との分離が発生してしまうような状況は、子どもからすれば、本来、それが最も必要な時に「安全な避難所」を奪われることになり、そこにトラウマの素地が相対的に形成されやすくなることが想定されるのです。

　アタッチメントという視点から危惧される第三のことは、医療的ケアの対象となる子どもの能動的な探索活動が著しく制約される可能性があるということです。通常、子どもは、「安全な避難所」と「安心の基地」がしっかりと機能している状況で、あらゆる不安から解放され、思いっきり外界に飛び出して、好奇心の赴くままに、そこにある様々な事柄を、五感すべてを通じ

て経験し、またいろいろなことに果敢にチャレンジして創造的に遊び、さら
に仲間などと密に関わる中から、環境世界についての知識やそれに関わるた
めのスキル、あるいは自律性や社会性などの、多くの大切な心の力を身につ
けていくと言われています。しかし、病児の多くは、病気そのものに由来す
る活動制約から、またそれらの悪化に対する不安や恐れから、探索活動の機
会や範囲が概して縮小しがちだと言えます。また、親などの主たる養育者の
側の子どもの病気に対する極度の懸念が、過保護・過干渉的な関わりを増大
させ、その養育者が、子どもを安心させて外界に送り出すという本来の「安
心の基地」としての機能を果たせなくなるという危険性もあります。

　上述したことから示唆される、ある意味、当然のことは、医療現場のス
タッフすべてが、子どもにとってのアタッチメントがいかに重要であり、ま
た、病児がこのアタッチメントに関して、そもそも、きわめて不利な状況に
置かれやすい存在であるという認識を分かち持つことであるように思いま
す。その上で、それぞれの子どもが受けることになる医療的措置の状況に合
わせて、最大限、アタッチメントに焦点化した様々なケアを心がける必要が
あると考えられます。例えば、親は子どもの病気という事態に対しても一貫
してアタッチメント対象として居続けることが可能なのか。親自身がひどく
動揺し、子どもの感情の立て直しを有効に果たせないという可能性はないの
か。物理的に親が子どもの「安全な避難所」として近くにいることができな
いならば、医療現場では、誰がどのような形で代替的にそれを補うのか。こ
うした一連の事柄に関して、的確なシミュレーションを行い、タイミングを
逃さずに、子どもの強度に高められたアタッチメント欲求に、可能な限り適
切に応え得る体制を予め築いておくことが必要になると言えるでしょう。

　とりわけ入院治療などによって子どもが親との分離を強いられる際に心し
ておくべきことは、職種や立場によらず「誰もがその都度」気がついたとこ
ろで、子どものアタッチメント対象となり、適宜、子どもの心理的ケアをす
るということを、必ずしも「良しとしてはいけない」ということです。一
見、こうした臨機応変の体制は柔軟性に富み、子どもを常時、怖がらせたり

不安がらせたりしないという意味において効果的であるように見えますが、実態はその逆であり、複数の対象が予測できない形で入れ替わり立ち替わり子どものケアをすることは、子どもに大きな情緒的混乱をもたらしかねません。重要なことは、なるべく少数特定の対象が「安全な避難所」と「安心の基地」の役割を一貫して果たすということであり、これによって、子どもは、病気の諸症状など、自らが危機的な状況に陥った時に、誰にどのようなシグナルを発信すればよいかの見通しがつき、相対的に容易に安心感を取り戻すことができるようになると考えられます。

　そして、現実的な意味で、病棟において子どもが最も信頼を寄せ得る特定の他者とは、多くの場合、病棟保育士ということになるのでしょう。病棟保育士が、一人一人の子どもの身体上の困難さを理解し、また日々の体調の良し悪しなどに配慮する中で、子どもの気持ちにしっかりと寄り添うことができている場合に、病棟の中に、子どもにとっての一貫した安心感の基盤がしっかりと効果的に築かれるものと考えられます。また、病棟保育士は、子どもの自発的な遊びや活動を支え促す上でも不可欠の役割を果たし得るものと言えます。特に長期入院をしている病児に対しては、それぞれの子どもに合わせて、学びや遊びの場や機会を最大限、工夫し確保してあげるという配慮が必要になるでしょう。「安心の基地」の役割を一貫して担い、子どもの病気にまつわる不安や恐れを解いてあげた上で、可能な範囲内での積極的な探索活動を促すということです。また、病児の中には自らの身体状態の重篤さや特殊さを理解できずに、むしろ、自由に動き回り探索できないことのフラストレーションを強く訴えてくる子どももいるかも知れません。そうした子どもに対しては、その年齢に応じた形での、病気に対する説明を施すことが必要になるでしょう。例えば、なぜ好きに動いてはいけないのか、どこまでならば遊んでいいのかといったことについての子どもなりの正当な理解を形成してあげることが大切かと思います。また、このことは、テレビや他の人からの断片的な情報に基づいて、子どもが自分の身体状態に対して誤った思いこみやそれに由来する不安や恐れを持たないためにも重要であると言えます。

　さらに、病棟保育士は、親子の間のアタッチメント関係に対しても十分な配慮とケアをなすべき存在として、きわめて重要な役割を果たし得るものと言えます。生涯発達という視点をとって考えれば、子どもが長きにわたって、しかも濃密な形で時を共にするのは、言うまでもなく、多くの場合、親であると言えます。アタッチメント研究の中には、長期入院などの分離体験に起因して、子どもと親とのアタッチメント関係が不安定となり、結果的に病気回復後における子どもの発達に様々な問題が生じる危険性を示唆しているものも少なくありません。病棟保育士は、院内における子どものアタッチメント欲求を適切に充足させるとともに、元来、子どもが享受してきた親とのアタッチメント関係が安定して維持されるように努め、退院後に混乱なくスムーズにそのアタッチメント関係に再び回帰できるようにサポートする必要があると言えるでしょう。そのためには、当然、子どもの病気に対する不安や落胆のみならず、時に罪障感や不条理感などを抱え込んでしまうようなこともある親との密接なコミュニケーションを図り、その心理的・情報的サポートを充実させるということも、とても大切かも知れません。

　加えて言えば、周産期医療や小児医療などの進歩によって、新生児や乳児の死亡率が減少した反面、低出生体重児あるいは構造異常や代謝異常などを抱えて生まれてくる子どもが増加してきていることも否みがたい事実であり、それによって、親がそもそもそうした子どもと安定したアタッチメントを築くことが相対的に難しくなってきているという現状もしばしば報告されるところです。例えば、早産等によって極端に低体重で生まれてくる子どもは、相対的に、顔や身体の動きなどにおいて赤ちゃんらしい特徴に乏しく、また感情表出などの反応が少なくわかりにくいため、あるいはまた、医学的な措置として一定期間、親子分離を余儀なくされることから、親の子どもに対する養護感情や子育てに対する動機づけが低下したり、子どもの将来に対する悲観や極度の育児不安が生じたりする可能性があり、そのことが時にネグレクトや虐待などの不適切な養育の一因になり得ることが指摘されています。こうしたことを踏まえれば、病棟保育士は、子どもの人生の出発点にお

いて、困惑する親の心のケアに努め、徐々にであっても、親が子どもを心理的に受容し、その子とのアタッチメントを緊密に結ぶことができるように、様々な配慮と現実的な手助けをすることも必要になるのかも知れません。

　ここでは、アタッチメントという視座から、生涯を視野に入れた際の病児の心の育ちに関して、その子に関わる周囲の大人が多少とも心しておくべきことに関して基本的なところを述べてきました。当たり前のことですが、子どもはただ自分の病気に特化した実利的な関心だけを有する存在ではありません。病気に対していくら適切なケアがなされたとしても、子どもは決してそれだけで満足はしないはずです。医療の現場は、病児にとって生活の一部であり、場合によってはその大半を占めるようなきわめて重要な時空間です。そこは、単に病気を癒す場であるばかりではなく、まぎれもなく育ちの場でもあるのです。病棟保育士を中核として、小児医療に関わるすべての人が、トータル・パーソンとしての病児に向き合い、その心身のあらゆる側面を肯定的に受け容れた上で、その健やかな発達を支え促すエージェントとして機能しなくてはならないのでしょう。

病棟保育のこれからに向けて

　さて、本書の執筆者である石井悠さんは、元来、がんなどの重篤な小児疾患を抱えた子どもおよびその親における「イルネス・アンサーテンティ」（病気やその治療がどのようなものか、この先、どうなっていくのかなどに関するわからなさ、見通しの成り立ちにくさや不安）に関する心理学的な研究を手がけ、そのテーマで博士学位を取得している方です。病気をある程度、克服し、既に一定の年齢に達している方々やその親御さんへの丁寧なインタビューを重ね、緻密に分析することを通じて、その「イルネス・アンサーテンティ」にも関係して、小児期の生活がどうしても病気とそのケアだけを中心に回ってしまいがちになることが、本来、その時期に備えておいてしかるべき心の要素の獲得を妨げたり、またそこでクリアしておくべき発達課題に向き合う機会を失わせてしまったりと、様々な積み残しを少なからず発生さ

せてしまうことを見出しました。そして、その積み残しによって、時に、病気回復後の人生が必ずしもうまく営めなくなってしまう場合があることに、とても胸を痛めたようであります。おそらくは、こうした経験が、石井さんの関心を自ずと病棟保育に向かわせたと言えるような気がします。病棟の中において、子どもの病気だけではなく、それ以外のすべてを受け止め、その育ちをトータルに支え促し得る、ある意味、唯一無二のものとして病棟保育があり、その可能性と課題をつまびらかにすることが、とても重要なことであると深く認識するに至ったものと考えられます。

　おそらくは石井さんは、心理学の世界にあって、様々な現場で働く病棟保育士さんと最も多く対話を重ねてきた一人と言えるかと思います。また、日本の病棟保育に関して、その実態を探るための私ども Cedep（東京大学大学院教育学研究科附属発達保育実践政策学センター）による大規模調査を、中心になって精力的に推進してきた一人でもあります。そして、これらのことを通して、病棟保育士さんの多くが、医療現場にあって役割的にかなり曖昧な立場に立たされ、予め決まったものとして在る理念や目標や方針も何もないところで、ある意味、手探りでそれぞれの病棟保育を作り上げなければならないでいるという現況を目の当たりにしたようであります。現今の日本の病棟保育においては、明確なガイドラインのようなものは元より、何を目指して、何をどのように実践すべきなのかといったことに関する一定の共通認識さえも未だ十分には成り立っていないように思います。正直なところ、本書は、そうした課題に対して、これだという明確な答えを導き出すには未だ至っていないかと思います。しかし、少なくとも、病棟保育にはどのような克服すべき問題があり、それを今後、いかに解決することができそうなのかということについて、それこそ暗中模索の営みの中の一つの明るい道標になり得るものであることは確かであると思います。本書が一つのきっかけになり、病棟保育の大切さおよび病棟保育士という仕事の重要性により多くの人の関心が注がれ、また何よりも、結果として、より多くの病児に明るい未来が拓け得ることを切に願うものであります。

謝辞

　本書では、日本赤十字社医療センターの赤津美雪先生、宮城県立こども病院の土屋昭子先生、愛育病院の小野鈴奈先生、神奈川県立こども医療センターの植木茜先生の実践に関する語りをまとめさせていただきました。先生方には、私が病棟保育について何も知らないころから、本当にお世話になりました。本書をまとめる上でも、貴重なご意見や資料をいただきました。深く感謝申し上げます。また、これまでインタビュー等の調査でご協力いただいた病棟保育の先生方からも、本当にたくさん学ばせていただき、その方々から得た学びも本書の随所に影響しています。さまざまな形でご協力いただき、誠にありがとうございます。さらに、病棟保育という分野を紹介し、博士課程中も、その後も研究を支えてくださった遠藤利彦先生、病棟保育研究を支援してくださった東京大学大学院教育学研究科附属発達保育実践政策学センター（CEDEP）にも、この場を借りて感謝申し上げます。

　最後に、ひとなる書房の松井玲子さんは、企画当初から病棟保育の意義・必要性に共感くださり、常に、上記の先生方の実践を活かす最善の方法を考え、助言してくださいました。そして、二人の幼い娘たちのおかげで、保育のすごさや病気の子どもの看病をする親のつらさ、大変さを実感できるようになり、そんな娘たちの育児を夫と協力して行えているおかげで、本書の執筆に集中する時間をもらうことができました。本書に関わるすべての方に、心より感謝申し上げます。

付記　本書は JSPS 科研費 15J12105 と東京大学大学院教育学研究科附属発達保育実践政策学センターの研究助成を受けて実施した研究をまとめたものです。

● **著者**──石井悠（いしい ゆう）

1989年、東京生まれ。1歳と3歳の女の子の母。博士（教育学）。東京大学大学院教育学研究科附属発達保育実践政策学センター（CEDEP）助教。病気を経験する子どもの育ちや支援に関心をもち、発達心理学を専攻。CEDEPでは、多様な背景をもつ子どもたちの育ちについて勉強しながら、保育のあり方を模索中。おもな共著に、遠藤利彦編著『入門 アタッチメント理論──臨床への架け橋』（日本評論社、2021年）、川島大輔他編著『多様な人生のかたちに迫る発達心理学』（ナカニシヤ出版、2020年）など。

● **寄稿**──遠藤利彦（えんどう としひこ）

東京大学大学院教育学研究科教授。同附属発達保育実践政策学センター（CEDEP）センター長。『乳幼児のこころ──子育ち・子育ての発達心理学』（共著、有斐閣、2011年）、『赤ちゃんの発達とアタッチメント』（ひとなる書房、2017年）など著書多数。アタッチメント理論をはじめ、親子関係・家族関係と子どもの社会情緒的発達を中心に研究。

● **装幀・本文デザイン**──山田道弘
● **カバー・本文内イラスト**──木村倫子
● **本文内写真**──土屋昭子・小野鈴奈・植木茜

病院の子どもにも「保育」を──こころの育ちを支える病棟保育

2024年7月10日　初版発行

著　者　石井　悠
発行者　名古屋 研一

発行所　㈱ひとなる書房
東京都文京区本郷2-17-13
TEL 03（3811）1372
FAX 03（3811）1383
e-mail hitonaru@alles.or.jp